地域
アセスメント

地域ニーズ把握の技法と実際

川上 富雄

【編著】

学 文 社

はじめに

　21 世紀に入り，超少子高齢社会化や無縁孤立社会の進展，そしてグローバル経済にともなう格差拡大等により，これまでは少数または抑え込まれていた生活課題・社会問題が臨界に達したかのように爆発的に溢れ出しています。また，最低生活保障に留まっていた社会福祉の援助観も，2000 年の社会福祉法改正で新たな社会福祉の理念として盛り込まれた第 4 条「地域福祉の推進」の条文*にみられるように，今日では，地域自立生活支援・自己実現保障へと拡大しています。これらのニーズの重度化，複雑化，拡大化，多様化，また，捉え方の変化に対して，戦後まもなくに構築された家族や地域のつながりを前提にした社会保障・社会福祉の枠組みや方法では対応できなくなってきています。福祉制度の隙間や外側に溢れる多様なニーズへの対応には，地域住民，ボランティア，NPO などインフォーマル（非制度的）な活動に大きな期待が寄せられています。

　さて，ケースワークやケアマネジメントなど個別支援の中では「個別化」が強調され，一人ひとりのニーズの違いを尊重した支援が求められており，介護保険ケアプランにおいても「課題→長期目標→短期目標→具体的支援内容（サービス）→担い手」（第 2 表）という思考の流れが定着しています**。この動向は高齢者介護分野だけにとどまらず，障害者支援，児童自立支援にも広がっています。一方，地域福祉領域では「地域ニーズの個別的理解・把握と個別的活動」という視点がまだまだ弱いのではないでしょうか。「ふれあいサロンがいい」と聞けば全国でふれあいサロン活動に飛びつき，「子ども食堂がいい」と紹介されれば全国各地で社協が子ども食堂実施に補助を付けて地区にメニューを提示したり，「包括ケア会議」「ネットワーク会議」が必要と言われれば目的も曖昧なまま会議を立ち上げ，そのあとで「一体この会議で何をするの？」と本末転倒なことを言ってみたり…と，地元地域の問題把握・原因分析・必要性判断も行わないままに，先進地の成功事例をコピーする「結果模倣型地域福祉」「金太郎飴型地域福祉」が蔓延しているのではないでしょうか。

　風邪の患者には風邪薬を処方しないと効果がないのと同じように，地域福祉を推進していくうえでも，地元地域のニーズおよび地域特性や住民生活に立脚した，個別的な支援活

---

* 　社会福祉法第 4 条（地域福祉の推進）
　　　地域住民，社会福祉を目的とする事業を経営する者及び社会福祉に関する活動を行う者は，相互に協力し，福祉サービスを必要とする地域住民が地域社会を構成する一員として日常生活を営み，社会，経済，文化その他あらゆる分野の活動に参加する機会が与えられるように，地域福祉の推進に努めなければならない。
** 　老企第 29 号（平成 11 年 11 月 12 日）厚生省老人保健福祉局企画課長「介護サービス計画書の様式及び課題分析標準項目の提示について」

動や仕組みを一つひとつ作り上げていく必要があるのではないでしょうか。北海道と沖縄では、また、東京 23 区と小笠原の小さな離島では、気候、自然・地理・交通、歴史・文化、意識、暮らし方、働き方などあらゆることが違い、地域福祉のありようも違うであろうことは容易に想像できますが、それと同じように、一つの市区町村内でも集落や地区ごとに地域の気候的・地理的・環境的・交通的・労働的・文化的特徴も住民意識も、そしてそれらに影響を受ける生活ニーズの質量も違うはずです。

　このような問題意識のもとで本書では、住民による地域福祉活動や専門職による地域支援の出発点となる「地域ニーズの把握」をどう行うのかを改めて問い、地域ニーズ把握のためのツール試案を提起し、住民と専門職が協働して地域アセスメントに取り組むことの必要性やその推進方策について事例を交えて紹介したいと考えます。なかでも本書が重視している点が、地域アセスメントを専門職の特権的・独占的業務と捉えていないことです。専門職だけが地域をアセスメントし、データを持ち、解決策を考えるのではなく、ケアマネジメントにおいて「セルフケアマネジメント」が訴求されているのと同様に、地域アセスメントや課題分析の過程に地域住民が参加・参画することで、住民の「福祉リテラシー」*** が高まり、解決のための主体性を引出し、活動への動機づけが図られる（エンパワメントが図られる）と考えます。
　本書の事例では、老人、障害、児童、貧困といった狭義の福祉課題に囚われず、また実施主体も社協などの狭義の地域福祉推進組織に限らず、福祉施設、さらには医療・保健・防災等の専門職や NPO の事例などにも広げて、さまざまな立場からの取り組みを紹介しています。なぜなら、福祉六法がいう福祉は、地域生活者である全体としての人間を、福祉各法の反射的利益の範囲でのみ縦割りに切り取って見ているにすぎないからです。たとえば、虚弱で引きこもりがちな独居高齢者は、福祉行政では対応しない外出ニーズや防災ニーズも同時に持っていますし、布団干しや衣替え、家屋の維持管理、庭の草取り、冬の雪掻きや雪下ろしといった力仕事のニーズも持っています。さらには詐欺被害のリスクや孤独死の不安、そして孤独・孤立・絶望感・廃用感といった感情ニーズも持っているかもしれませんし、一方で、氷川きよしのライブに行きたいといった自己実現ニーズも持っているかもしれません。このような「全体としての人間」が地域において暮らす中で現れる

*** リテラシー（literacy）とは、一般に「読み書き能力」と訳されますが、与えられた材料から必要な情報を引き出し活用する能力、ある分野に関する知識やそれを活用する能力、対応力・応用力などの意味があります。福祉リテラシーという場合、自分や他者の福祉課題を解決したり、利用すべき制度や社会資源を知っているなどの対応力を指します。

多様なニーズを質量ともに集合的に捉え，それに立脚したわが地域の活動や支援システムをオリジナルで考え・作り出したり，先進事例を参考にしながらも地元の実情に合うような形にアレンジして取り組んでいく…そんな取り組みが広がることを意図しています。こうした意図を汲み取り，みなさんの地域福祉活動に少しでもお役に立てれば幸いです。

　本書の刊行にあたり，学文社田中社長のご高配と，編集部の落合さんの大変なご尽力をいただきました。感謝申し上げます。

　2017 年 10 月

編者　川上　富雄

目　次

はじめに　　i

第1部
地域アセスメントの理論と方法

1　地域アセスメントとは ……………………………………………… 2

2　地域アセスメントの方法論的特質 ……………………………… 4

3　地域アセスメントの必要性①
　　～超少子高齢・無縁社会の進展とニーズの変容～ ………………… 6

4　地域アセスメントの必要性②
　　～地域もニーズも多様～ …………………………………………… 8

5　地域アセスメントの歴史
　　～理論と実践の発展～ …………………………………………… 10

6　他分野における地域アセスメントの取り組み ……………………… 12

7　地域アセスメントの考え方
　　～「ニーズの普遍化」と「ストレングス視点」～ ………………… 14

8　地域アセスメントの対象 …………………………………………… 16

9　地域アセスメントの主体 …………………………………………… 18

10　地域アセスメントの圏域 …………………………………………… 20

11　地域アセスメントの展開①
　　～地域アセスメントの展開・内容～ ……………………………… 22

12　地域アセスメントの展開②
　　～既存統計データ等の収集および既存資源のリストアップ～ ……… 24

13　地域アセスメントの展開③
　　～当事者・活動者・専門職等への聴取・懇談会・ワークショップ～ ………… 26

14　地域アセスメントの展開④
　　～数的把握のためのアンケート調査 ……………………………… 28

15　地域アセスメントの展開⑤
　　～地区視診・地域踏査（フィールドワーク）～ ………………… 30

16　課題分析と小地域福祉活動計画の策定 …………………………… 32

17　地域アセスメントの枠組み・項目とアセスメントデータの共有・更新 ………… 34

第2部
地域アセスメントの実践と関わり

1 　地区社協設立に向けた地域アセスメントの活用 ・・・・・・・・・・・・・・・・・・・・・・・・・・・・・ 38

2 　コミュニティソーシャルワーカー（CSW）による
　　個別支援から地域支援への取り組み ・・・・・・・・・・・・・・・・・・・・・・・・・・・・・・ 42

3 　市社協のひきこもり支援と地域アセスメント ・・・・・・・・・・・・・・・・・・・・・・・・・・・・ 45

4 　地域アセスメントにおける地域包括支援センターのかかわり ・・・・・・・・・・・・・・・ 48

5 　市社協からみた地区社協活動計画づくりと地域アセスメント ・・・・・・・・・・・・・・・ 54

6 　地域アセスメント情報の共有と活用 ・・・・・・・・・・・・・・・・・・・・・・・・・・・・・・・・・・ 57

7 　高齢・過疎地域における地域アセスメントと移動販売事業 ・・・・・・・・・・・・・・・・・ 61

8 　小さな町のきめこまかい地域アセスメント ・・・・・・・・・・・・・・・・・・・・・・・・・・・・・・ 65

9 　県社協によるコミュニティワーク実践力強化の試みと
　　地域アセスメントの推進 ・・ 68

10 　防災の町づくり支援と地域アセスメント ・・・・・・・・・・・・・・・・・・・・・・・・・・・・・・・ 71

11 　地域における医療介護連携と地域アセスメント ・・・・・・・・・・・・・・・・・・・・・・・・・ 74

12 　公益社団法人日本駆け込み寺
　　～歌舞伎町パトロールの取り組み～ ・・・・・・・・・・・・・・・・・・・・・・・・・・・・・・・ 78

13 　ホームレス支援NPO活動から見た地域アセスメント ・・・・・・・・・・・・・・・・・・・・・ 81

14 　地域の基幹的社会福祉法人の地域ニーズの把握と対応 ・・・・・・・・・・・・・・・・・ 84

15 　地域ニーズに応える開拓的地域公益活動
　　～福祉楽団の取り組み～ ・・ 87

おわりに～アメリカ視察で考えさせられた～　　92

第1部

地域アセスメントの
理論と方法

1 地域アセスメントとは

　地域アセスメントとは，文字通り「地域をアセスメント（評価・査定）すること」です。「地域診断」「コミュニティアセスメント」などとも呼ばれています。

　アセスメントは，「事前評価」「見立て」などとも訳されますが，「適切な関わり（対応）を行うために，対象から得られたさまざまな情報を分析すること」と定義づけることができます。皆さんも「環境アセスメント」などは馴染み深いと思いますが，これは，たとえば，ダム建設，護岸工事，道路建設等にともなって自然環境にどのようなダメージを与えるのかを事前に調べ分析し予測を立て，できるだけダメージが少ない設計や工法に反映しようとすることです。今日，介護保険をはじめとする社会福祉分野においても，日常的にアセスメントという言葉が用いられていますが，それは援助対象者の情報を収集・分析し，ニーズおよびその背景要因を明らかにしようとするものです。

　地域アセスメントを行うということは「地域」のニーズを「見立てる」ことといえますが，より学術的に地域アセスメントを定義づけるならば，「地域のウェルビーイング（well-being）実現のために地域住民のさまざまな生活課題を質的・量的に把握すること」といえます。ウェルビーイング（well-being）とは，①福祉（welfare），②殷盛（いんせい）（prosperity / success），③安否（safety）等と訳されており，社会の繁栄と個人の安全と豊かさを意味する言葉といえます。したがって，地域におけるウェルビーイング（well-being）とは，地域住民の生活が，経済的，社会的，文化的，環境的（地理的・自然的）に豊かで繁栄していて安全な状態であることをいいます。

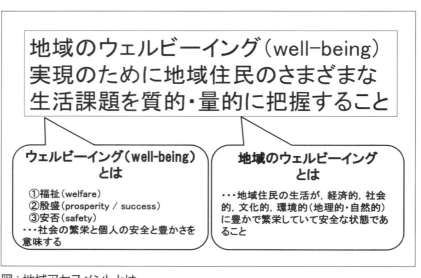

図：地域アセスメントとは

地域アセスメントの理論と方法　第**1**部

　先にも述べたように，社会福祉援助において個別の要援護者を支援する場合には，要援護者のニーズは何かを正確に把握すること（＝アセスメント）が援助のスタートになります。その結果を基に，支援目標と支援計画が立てられ，実際の支援が行われるわけです。さらに，その情報は更新されるものとして（新情報が加筆されながら）保管され，定期的な再診断（再アセスメント）が行われ，状況は改善されたのか，目標にどれくらい近づいたのか等が評価されます。今日では，介護保険分野のケアマネジメントに限らず，障害者分野，児童分野，生活困窮者支援等においてもアセスメントシートの開発や導入が一般化してきています。

　個人への援助と同様に，地域課題に対応しようとする場合にも，「闇雲に」「漠然と」何か活動すればよいというのでなく，地域ニーズの把握・分析・見立て（＝アセスメント）に基づき，地域支援目標（仮説）や地域支援計画を策定し，客観的・科学的に取り組んでいくことが重要となります。地域アセスメントは，医師が患者の病状を診る「診察」や「検査」にあたるものといえます。そして，地域アセスメントにより炙り出され明確化された地域の課題が「診断」に当たるでしょう。ちなみに，医療では長年にわたる症例研究の蓄積と治療方法の開発により，今日ではほとんどの場合，病名が確定すればそれに対する治療方法や処方は自ずと導かれてきます。しかし，福祉援助，とくに地域福祉援助活動においては，そもそも地域は箱庭のようにリジッド（rigid ＝厳密な，固定していて動かない）なものではなく，北海道から沖縄まで，山岳地帯から平野部まで，都市から田舎まで多様な顔を持ち，通勤や通学など人の移動や転入転出もあり，地域自体も時とともに栄枯盛衰や変化があるため，解決策や対応方法は無限に多様となりますし，援助や活動も時とともに変化していくものといえるでしょう。

2 地域アセスメントの方法論的特質

　地域アセスメントは，専門職によって地域のニーズ把握ができればよいというだけではなく，その過程が住民主体・当事者主体で取り組まれること，あるいは住民と当事者と専門職の協働で取り組むという手法や過程が重視されます。そのことで，明確化された課題の共有が図られ，課題解決に向けた地域住民の主体性や動機を引き出すことで，住民参加や専門職の協働が促進されやすくなると考えます。

　また，地域アセスメントは，そのこと自体が目的・ゴールではなく，地域の問題や資源を視覚化し，問題の解決順位や解決方法を考え，住民や当事者により活動母体を組織し，実際の活動を行うという問題解決過程の一貫といえます。これは，ソーシャルワークを学んだ専門職にとっては，コミュニティワークの基本中の基本として教科書に書かれていることです。

　コミュニティワークとは，地域住民共通の生活課題を住民参加で解決に取り組んでいくことを支援する方法です。その中には地区社協のような地域組織づくりや，当事者組織づくり，ボランティアグループづくりなど，活動主体形成支援が含まれています。

　さて，コミュニティワークは，右の表にあるように，①問題把握，②活動主体の組織化，③計画策定，④計画の実施，⑤評価という過程を経て展開されますが，その中の，①問題把握において，「(1) 地域特性の把握，福祉水準，問題および社会資源についての基礎的把握」「(2) 社会的協働により解決をはかるべき問題の明確化とその実態の把握」とされています。このように理論的・方法論的にも「地域ニーズと資源の把握」が必要であることが古くから指摘され定説化しています。

地域アセスメントの理論と方法　第**1**部

表：コミュニティワークの援助過程

段　階	内　容	実　践
Ⅰ 問題把握	・地域特性の把握 ・福祉水準，問題および社会資源についての基礎的把握	地域福祉推進にあたって，その地域の特性（気候条件，地理的条件，人口動態，産業構造，住民性，住民意識構造等）を把握し，福祉問題の予測，問題の背景，住民の考え方，態度の特徴を明らかにしておくことが前提となる。 要援護者の実態，住民の抱えている福祉問題，福祉水準および社会資源（地域の諸機関，団体，専門家等）についての基礎的把握
	・社会的協働により解決をはかるべき問題の明確化とその実態の把握	既存資料の分析，新たな調査，活動・事業等を通じての把握。専門家の判断等により社会的に解決をはかるべき福祉問題を発見しその実態について多面的に明らかにする。
	・問題を周知し，解決行動への動機づけを行う	広報，話し合い，福祉教育等を通して問題提起し，自覚化と共有化を図り，解決しなければならない課題として動機づける。
Ⅱ 活動主体の組織化	・取り上げた問題に関連する機関や人々を活動に組み入れる	問題を抱えている人々，問題解決の努力をしている人々，関連する機関・専門家・団体に働きかけ，組み入れ，解決活動推進の主体を組織する。
Ⅲ 計画策定	・解決活動に動機づけられた問題をより明確にし，優先すべき課題を順序づけ，推進課題の決定を行う	問題の相互理解を深め，問題の深刻度，緊急度，広がりおよび住民の関心，地域や社会資源の問題解決能力，従来の活動や施策等の評価から何を推進課題として取り上げるか決定する。
	・推進課題実現のための長期・短期の具体的達成目標の設定	何を，どの水準にまで，いつまでに達成するのか，それは全地域を対象とするのか一部地域か，全員を対象にするのか一部か等を明確にし，長期・短期の目標として設定する。
	・具体的実施計画の策定	目標を実現するために誰が何を分担し，どのような資源を活用して実施するか，誰に働きかけるか，財政は，時期は，推進機関等を明らかにした具体的実施計画を関係者の共同計画として策定する。
Ⅳ 計画の実施	・計画の実施促進，住民参加の促進，機関・団体の協力の促進，社会資源の動員・連携・造成，社会行動（ソーシャルアクション）	広報，福祉教育推進等により動機づけや活動意欲を高め，住民参加・対象者参加を促進する。講師関係機関・団体・個人の連絡調整を行い，計画実施のための協力体制を強化する。問題解決に必要な社会資源の積極的な活用連携を図る。さらに不十分であったり欠けている社会資源を新たに創設する。とくにその設置，制定が国・地方自治体等の責任をもって実施しなければ実現困難な場合，要望，陳情・請願などの社会行動を行う。
Ⅴ 評価	・計画の達成度，および組織化活動についての評価	計画目標の達成度の点検，効果測定を行う。 活動の進め方，住民の参加，機関・団体の協力について評価する。 目標や計画そのものの評価を行う。 全過程の総括を行い課題を整理する。

（出典：高森敬久他『コミュニティワーク』海声社，1984より要約引用）

3 地域アセスメントの必要性①
～超少子高齢・無縁社会の進展とニーズの変容～

　戦後の高度経済成長期を経て，第2・3次産業に従事する労働者が増大し，国民のサラリーマン化が進みました。それにともない地方から大都市圏への人口流動が起こり，さらにそのことで家族の小規模化や地域共同体の脆弱化が進みました。近年，そうした暮らし方が決して楽ではなく，将来の見通しが明るくないことから，少子化や未婚化を生み出してしまっています。そのことがさらに，超高齢社会を誰が支えるのかという問題に深刻化しています。支える力の弱体化と問題の深刻化がスパイラル的に相互に影響しあいながら，ますます状況悪化が進んでいるのです。家族の自助力や地域の共助力が低下した現代日本では，保育や介護など戦前までは家族や地域で解決できていた諸問題が外部化され，社会的に支えるものとなりました。そうした自助力・共助力の縮小が公助の拡大を促し，公助の拡大は税や社会保険料負担の拡大へと反映され，私たちの負担感や困窮感をより高めてしまっています。

　すでに毎年集める税金や保険料だけでは賄いきれず，借金を重ねながら賄っている総額100兆円を超える社会保障関係費ですが，これほどまでにお金を掛けても，国民すべてのニーズに応えきることは不可能です。公的サービス（＝公助）の対応範囲・方法の特徴とは，定型的（＝公約数的に想定される）ニーズであって，重篤・深刻な利用要件を満たすニーズに対して，そのニーズに直接関わるサービスのみを予め決められた上限の範囲と方法で提供するもの…ということができます。その要件に当てはまらない種類や軽度のニーズには，当事者がいくら困っていても残念ながら対応してくれません。そうはいっても現実に地域で暮らす私たちは，制度の隙間や外側に多様な困りごと（ニーズ）を日々抱えているので，これまでは，解決してくれるサービスや商品をお金で購入するという市場原理を活用した自助努力で賄ってきていました（たとえば，コンビニの単身者向けのレトルト惣菜があれば単身男性でも「おふくろの味」にありつけます。お金を払ってハウスクリーニングサービスを頼めば掃除もしてくれます。泥棒が不安になれば警備システムを契約すれば安心できます。近所の人がお葬式を手伝ってくれなくてもお金を払えば葬儀会館でお葬式をつつがなく執り行ってくれます。などなど）。しかし，市場原理のサービスにも金銭的負担や即時性の弱さなどの限界があります。

　そうしたなか，制度の隙間や外側にあるニーズを埋める「共助力」が再評価されています。共助力とは，NPOやボランティア，近隣住民等によって担われる共感原理に基づく原則として報酬を求めない住民活動です。いつでもどこでも始められるし対応できるという意味では公的サービスや市場サービスよりも柔軟といえます。しかし，そもそも共感しなければ参加してくれませんし，見ず知らずの万人のための公平な活動を期待されているわけでもありません。公的サービスと違い「目の前の困っている友人・知人のために」と

いう不公平が許される活動です。共感が失われたり，他のことで忙しくなったりすれば，すぐに辞めることが許される自由さがあるため，不安定な活動でもあるともいえます。

　ある地区の住民懇談会で，独居のおばあさんが「最近，力が衰えてペットボトルの蓋が開けられなくなって困る。蓋を開けるためだけにシルバー人材センターや住民参加型在宅福祉サービスを呼ぶのももったいないし…」と仰っていました。高齢独居世帯では，電球交換や雨樋掃除や布団干しといった力仕事だけでなく，日常のささやかな生活行為のあちらこちらに不自由・不便が生じているでしょう。これら日常的な微細で多様なニーズまで，すべて公的サービスで支援することは不可能です。また，シルバー人材センターや住民参加型在宅福祉サービスなどお金を払えば来てくれる柔軟なサービスはあっても，ペットボトルの蓋を開けるほんの1〜2秒で済む用事などは頼みにくいでしょうし，「今開けて欲しい」「今飲みたい」というニーズへの即時対応性もありません。このような細やかなニーズは，隣近所の関係性の中での解決が最も適切といえないでしょうか。「いずれ歳をとれば，自分もペットボトルの蓋が開けられなくて困る時がくる」と思えば，地域住民のみなさんも，誰もが安心して暮らせる地域づくりの必要性に気づき，今，自分に何が出来るかを考えていただけるのではないかと思います。

　こうした考え方や共感原理に基づく住民参加による支援活動をもっともっと広げていこうとするのが地域福祉です。しかし，むやみに参加者だけを募ればよいというわけではありません。住民福祉活動にもターゲットとなるニーズを明確化し，そのニーズの解決の必要性を住民が共感し，隣人を支え地域を良くするために主体意識を持って参加するという過程が大切です。そのために，地域ニーズの炙り出しとしての地域アセスメントが重要であり，住民自身の手によって地域アセスメントが行われることが重要となるのです。

4 地域アセスメントの必要性②
～地域もニーズも多様～

　「はじめに」でもふれましたように，地域福祉活動は，その地域のニーズに合致したものである必要があります。さまざまな先駆的取り組み事例は紹介されても，「あそこの地域が良くやっているからわが地区でも」「今，サロンが流行っているみたいだからウチでも」という結果の模倣が巧くいくとは限りません。その活動が，わが町・わが地域のニーズと噛み合っていなければ，いくら頑張っても空回り・徒労に終わってしまう可能性さえあります。

　経営学で「プロダクトイン（product-in）」と「マーケットアウト（market-out）」という言葉があります。プロダクトインとは，生産者・製造者が良いと思ったもの，作りたいと思ったものを市場に押し付ける生産者志向の主観的な経営手法であり，マーケットアウトとは市場のニーズを調べ消費者が望むものを作り提供しようという顧客志向の客観的な経営手法です。全国から視察団が集まるような成功モデルの福祉組織や福祉団体はそもそも，きちんとマーケットを見つめ（つまり，地域ニーズが把握されており），分析や議論，仮説と試行錯誤の結果そのニーズに対応した新たなサービスを生み出した「マーケットアウト」思考の実践をしています。このプロセスに気づかない視察団（者）は，生み出されたサービスの How to や成果だけを持ち帰って「どこでやるか」「誰がやるか」「お金をどうするか」ばかりに気を取られる「プロダクトイン」思考から抜け出せていない場合が多いのではないでしょうか。

　わが国は，超高齢社会といわれて久しく，全国どこに行っても地域の高齢化が話題となります。しかし，「高齢化の問題」といっても地域での現れ方は固有のものです。それぞれの地域で高齢者数や高齢化率も違いますし，若年高齢者が多いのか後期高齢者が多いのかも違います。とくに団地・分譲マンション・ニュータウンなどでは，購入・入居がライフサイクルと重なるため，特定の年齢階層に極端に集中する傾向が見られ一気に高齢化が進みがちです。サラリーマンで退職後の悠々自適の高齢者が多いのか，自営業者や農家のように高齢でも働いている方が多いのか，といった就労形態，関連して所得や貯蓄の状況によってもニーズの現れ方は違ってきます。さらには，単身高齢者が多いのか家族と同居する高齢者が多いのかといった世帯形態，住環境（マンションかアパートか戸建か公営住宅か…戸建も都市部の戸建と農村の戸建とは大きく違います）などによってもニーズの現れ方は違ってきます。また，健康高齢者の比率や要介護者の比率も地域ごとに違うでしょう。平地なのか斜面なのか高台なのか山間地か島なのかといった地形的条件，道路や公共交通網の充実度によってもニーズの現れ方は変わってきます。温暖な気候なのか雨が多い地方なのか，あるいは雪が積もる地域か否か，どれくらい積もるのか…といった気候気象など自然条件によってもニーズは変わるでしょう。また，医療機関やスーパーなど社会インフラ

の有無といった地域資源や，積雪時の道路除雪はどこまでやってくれるのかといった公共サービスの状況によっても変わってきます。このように，地域ニーズを形成する変数は無限にあります。それゆえに，全国どこの地域も同じ高齢問題を抱えているということにはならないのです。

　障害者の問題を取り上げた場合にも，児童の問題を取り上げた場合にも同様のことがいえますし，それぞれの地域でニーズの強弱・質量，表出の仕方は変わってきます。日本海に浮かぶ隠岐諸島のある島のある集落を訪れた際に「この集落は中心部から離れていて道路が危険なため，冬になるとデイサービスの送迎もホームヘルパーの訪問も来られなくなり孤立する」という話を社協職員さんから伺ったことがあります。また，首都圏大都市のとある地区では「この地区は，近くに療育センターや精神障害者の施設があるので，知的障害・精神障害の方が多く移り住んで来ている」という話を伺い，高齢者や障害者が全国平均値のままどの地域にもまんべんなく存在しサービスが均等に届いているとは限らず，さまざまな変数によってニーズの質量が変わってくるということを改めて感じました。

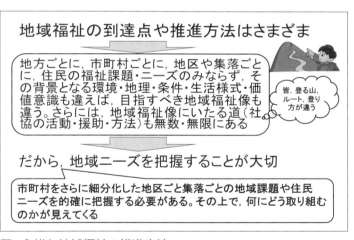

図：多様な地域福祉の推進方法

　図：多様な地域福祉の推進方法は地域福祉活動を登山に例えたものです。どれひとつとして同じ山は無く，登ろうとする山に応じた体力，装備，計画，方法が必要です。地域福祉活動も全く同じで，それぞれの地域の特徴やニーズの質量に即した支援活動を開発する必要があります。

5 地域アセスメントの歴史
～理論と実践の発展～

　コミュニティワークの方法は20世紀初頭から理論化が取り組まれてきました。この理論化を導き出した先行実践が「セツルメント（settlement）運動」です。セツルメントとは，知識と人格を兼備する人々がスラム街（貧民窟）に居住し，教育，保育，衛生，栄養，医療，就労等の支援を提供するとともに，貧民との知的・人格的接触をとおして福祉の向上（エンパワメント）を図る活動です。1884年ロンドンでバーネット夫妻が「トインビーホール」を設立したのが世界初と言われており，1889年にはアメリカのシカゴでJ.アダムスが「ハル・ハウス」を設立しています。ハル・ハウスでは，周辺地域のニーズを把握するために訪問聴取による国籍調査や賃金調査を行い，地図に落とし込んでいます。これにより人種・入国者と収入・生活レベルの相関が明らかとなり，支援活動のターゲットや，どのようなニーズを抱えどのような支援を必要としているかが明らかとなり，ハル・ハウスのさまざまなプログラム開発に繋がっていったのです。100年以上昔の地域福祉実践においても，すでに地域アセスメントが行われていたことには驚かされます。

　わが国でも1952（昭和27）年5月の「小地域社会福祉協議会組織の整備について」（厚生省乙第77号）により，コミュニティワーク推進機関として市町村社協の設置が始まりました。しかし周知不足による創設時の戸惑いもあり，その専門性が認識され，発揮されることはなかなかありませんでした。そうしたなか，1957（昭和32）年に全国社会福祉協議会（以下「全社協」）から「市町村社協当面の活動方針」が発表され，「実情に応じて，ひろく地域住民が自ら専門家と協力してその地域の「福祉に欠ける状態」を克服するよう努める必要がある。…（中略）…何を「福祉に欠ける状態」と指称するかはそれぞれの地域において判定しなければならない。…（中略）…行政・福祉関係機関・団体と協力して地域の福祉総合計画をたて…連携のもとに資源開発やサービスの改善創設要望などを行う」と市町村社協活動のあり方が指し示され，その

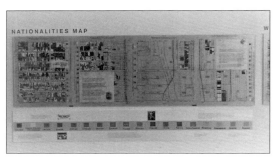

ハル・ハウス周辺の国籍・収入分布地図
（写真：Hull-House Museumにて筆者撮影）

中で「地域ごとに福祉に欠ける状態を把握することの必要性」が提起されました。また、その5年後の1962（昭和37）年に全社協から出された「社会福祉協議会基本要項」においても、市町村社協活動は、「狭義の社会事業」ではなく「ひろく住民の福祉に欠ける状態」を対象とし、住民主体原則に則り地域の実情に応じて住民の福祉を増進することを目的とする団体であることが再確認されています。これら社協草創期の「地域ニーズに応じて」「狭義の福祉に留まらないニーズ」を把握し、「住民主体」でニーズ解決に取り組むという指摘や方針は、今日にも通じる市町村社協活動への重要な提言であり、社協DNAとも呼べるものでしょう。

　2015（平成27）年の介護保険制度改正により、市町村圏域（第1層／広域開発型）や地域包括支援センター（第2層／圏域調整型）等に生活支援コーディネーター（地域支え合い推進員）が配置されることになりました。生活支援コーディネーターには、「生活支援サービスについてのニーズ把握」および「圏域の活動団体・社会資源の把握」の役割・機能が期待されており、まさに地域アセスメントを通じて地域課題を明らかにする役割を担っているといえます。

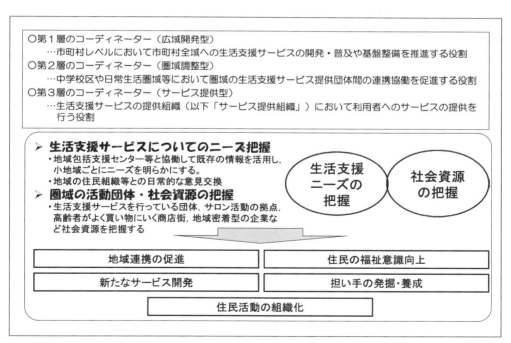

図：生活支援コーディネーター（地域支え合い推進員）の役割

6 他分野における地域アセスメントの取り組み

　「地域診断」や「地域アセスメント」は，福祉分野でもソーシャルワーク（コミュニティワーク）のプロセスとして知られてはいましたが，わが国の地域福祉実践の中ではなかなか定着せず比較的軽視されてきたといえます。むしろ，地域看護や公衆衛生分野における実践や研究が先行していました。とりわけ，公衆衛生分野では，地域診断により統計的に有意な原因を明らかにしたうえで，計画的に食生活改善や健康体操などを普及・展開し，地域特有の疾病の減少を図ってきた実績があります。福祉分野で活動する私たちは，生活問題をターゲットに，地域住民のウェルビーイングをゴールに据えているのに対して，公衆衛生・地域看護分野では，疾病をターゲットに，地域住民の健康をゴールに据えているといえます。ターゲットやゴールは違いますが，コミュニティワークの手法は同じです。そして何よりも「地域のニーズを的確に把握する」点では全く同じといってよいでしょう。

　また，他分野における地域アセスメントと近似の取り組みとしては，1970 年代に市民参加，市民意向を反映した行政施策遂行・公私協働の手法として採用された「コミュニティ・カルテ」づくりなども挙げられます。さらに近年では，地方創生対策や過疎地域やシャッター街等のまちおこし対策において，必要なデータを得るためにさまざまな地域調査や地域分析が行われています。

【地域看護・公衆衛生における取り組み】

> 「地域アセスメントは 1 つのプロセスであり，地域をよく知るための行為である。地域に住む人々はパートナーであり，アセスメントのプロセスのあらゆる場面で後見してくれる。地域をアセスメントする上での看護の目的は，ヘルスプロモーション戦略を展開するために人々の健康に影響を及ぼす因子（肯定的なもの，否定的なものの両方）を見極めることである。」
> （エリザベス T. アンダーソン／ジュディス・マクファーレイン編，金川克子／早川和生監訳『コミュニティ アズ パートナー地域看護学の理論と実際（第 1 版）』医学書院，2002，p.131 より引用）

> 「根拠に基づいた健康政策，公衆衛生を展開していくうえで最も基本的で重要なのは，対象となる地域（市町村，保健所管轄区域，2 次医療圏域，都道府県，国など）のきめ細かい観察や既存の行政区単位の保健医療統計（人口静態調査，人口動態統計，患者調査，国民生活基礎調査，国（県）民健康栄養調査，疾病登録，国民健康保険加入者の医療費調査，医療整備調査，基本健康診査，がん検診など）を通して，地域ごとの問題，特徴を把握する地域診断（community diagnosis）であるといえます。」
> （水嶋春朔『地域診断のすすめ方 根拠に基づく生活習慣病対策と評価（第 2 版）』医学書院，2006，p.44 より引用）

> 「地域診断とは，公衆衛生を担う専門家が，地区活動を通して地域課題を明らかにし，
> 地区活動を通して個人のケアに留まらず，集団あるいは地域を対象としたケアを行い，
> 地域課題を軽減／解消していく一連のプロセスである。」
>
> (『平成22年度　地域保健総合推進事業「地域診断から始まる　見える保健活動実践推進事業」報告書「2. 地域
> 診断ガイドライン」』日本公衆衛生協会，2011，p.52 より引用)

【コミュニティ・カルテの取り組み（東京都三鷹市の場合)】

> ➢ 三鷹市では，昭和50年代の「コミュニティ・カルテ」，60年代の「まちづくり
> プラン」や「まちづくり懇談会」「長期計画案検討市民会議」「まちづくり研究所」
> などを経て，平成に入ってからは公園や学校建て替えでのワークショップなど，
> 三鷹市独自の工夫を加えたさまざまな手法による市民参加を実施してきた。その
> 歴史は約40年間にわたる市民とまちの蓄積となっている。
>
> ➢ 「市民参加」が一般に，行政が用意した素案に基づく議論に市民が参加するという
> 意味で使われるのに対し，「協働」では市民と市が対等の立場に立ち，それぞれの
> 自主性を尊重しながら共に責任を担う。これからのまちづくりでは，計画策定に
> 留まらず，事業実施，評価，見直しのすべての段階で市民の参加と協働が重要に
> なる。
>
> ➢ コミュニティ・カルテは，市民自らの手で住区の地域生活環境を点検し，現状把
> 握，将来展望などをまとめたものである。住民協議会が中心になって検討組織を
> つくり，住区の住民に対してのアンケート調査をはじめ集会や実地調査（「まち歩
> き・ワークショップ」や「まちづくり懇談会」「みたかまちづくりディスカッション」)
> などを行い，結果を議論し，まとめ，市へ要望・提言として提出した。
>
> (三鷹市「三鷹を考える基礎用語事典 2014」より引用)

7 地域アセスメントの考え方
〜「ニーズの普遍化」と「ストレングス視点」〜

1 ニーズの普遍化

　地域にはさまざまなニーズ（生活課題）があります。これを何らかの地域での組織的な支援に結び付けたり，政策的に要望していくためには，一人ひとりの個別ニーズへの出会いから，それを普遍化し，集合的な地域ニーズとして把握していくことが必要です。図では社協のヘルパーさんと民生児童委員さんがニーズキャッチをした事例を紹介していますが，これは専門職に限ったことではなく住民でも同じです。

　ひとつの孤独死の発生を契機に，改めて地域の中で調べてみたら，孤独死リスクの高い人が他にもたくさん見つかったという事例等もよく耳にします。この過程が「ニーズの普遍化」と呼ばれるものです。一人の問題をその人固有の問題として終わらせるのではなく，想像力を働かせて，これまで見えていなかっただけで，もしかすると地域にたくさん存在しているニーズではないかとの仮説をもって，改めて地域全体を調べ直してみようとすることです。

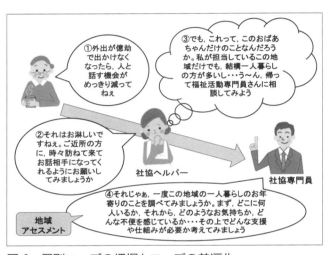

図1：個別ニーズの把握とニーズの普遍化

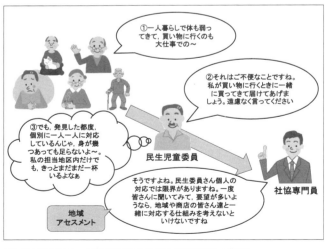

図2：個別ニーズの把握と対応の仕組みづくり

2 ストレングス視点

　集合的にニーズが把握されたならば，一人の支援だけに終わるのでなく地域全体としてニーズを解決する方法を考え，何かしらの取り組みに繋げていくことになります。公私協働のもとで「個別支援による問題解決・自立支援」と，「地域住民福祉活動や当事者活動の開発・活性化と，その延長にあるコミュニティ再構築」，そして，開発されたさまざまな資源が公的サービスと噛み合ってうまく協働・役割分担される「地域ケアシステムの構築」が同時並行的に展開されることが最終的な目標です。

　地域アセスメントでは，「どこに」「どんな」問題が「どれくらい」あるのかという「弱み」だけでなく，「どこに」「どんな」対応している（できそうな）社会資源が「どれくらい」あるのかという「強み（ストレングス）」を明らかにすることも大切です。この間（需要と供給）にギャップ・不整合があれば，課題解決に即した的確な活動（資源）を新たに作り出したり，解決の仕組みを作っていくことが必要となります。

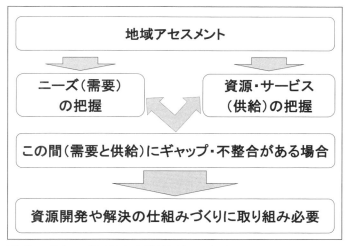

図3：ストレングス視点の地域アセスメント

8 地域アセスメントの対象

　「いまさら私たち地域住民が改めて地域のニーズを把握しなくても，行政や民生児童委員が把握しているではないか？」「施設や医療機関がどこにあるかなんて地元住民は皆知っているのに，なぜ改めてそんなものを確認しないといけないのか？」と思われる方も少なくないでしょう。しかし，地域アセスメントで把握しようとするのは，高齢者数，独居高齢者数，介護保険利用者数，身体障害者数といった「分かっている要援護者数の再確認」にとどまりません。むしろ，その隙間や外側にどんなニーズがどれくらいあるのかを炙り出そうとするものです。福祉制度（公的サービス／フォーマルケア）を利用されている要援護者の人々も，福祉制度で生活上すべてのニーズを解決できているわけではありません。また，そもそも制度の対象となっていない困りごとや困難・不便・不安を抱える住民も多くいます。

　地域アセスメントで炙り出そうとするニーズは福祉制度の隙間や外側にあるものと述べましたが，具体的にはどのようなものがあるのか，いくつか例を挙げてみたいと思います。独居高齢者のゴミ屋敷問題，ネコ屋敷問題などはみなさんの地域にないでしょうか。ゴミ屋敷やネコ屋敷の背景には，そこに暮らす住人に孤独・孤立感や厭世感・諦観があったり，もしかしたらまだ気づかれていない（診断されていない）認知症の症状があるかもしれません。地域にいる要援護者の人々を排除や攻撃対象として見るのではなく，SOSを発信している人と捉えることで，より建設的な解決に向かっていくことができるのではないでしょうか。

　不登校児童や保健室登校児童が増加しているといわれていますが，その背景には，いじめ問題や児童自身の潜在的な発達障害・知的障害などがあることも考えられます。さらに

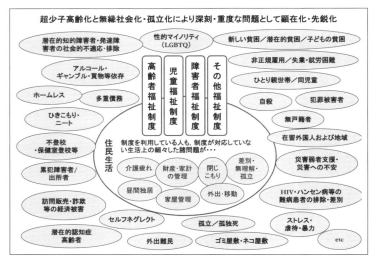

図：福祉制度の外に生活・社会問題が顕在化

地域アセスメントの理論と方法　第**1**部

は，そのまま卒業して大人の引きこもりになってしまっている人も国の推計では約54万人以上いるといわれています（内閣府『若者の生活に関する調査報告書』2016）。現在の彼らへの支援策は障害や心への支援ではなく学校に戻すことや労働に戻すことが中心になっていますが，先駆的にいくつか取り組まれている居場所づくりのような，違った支え方があるのではないでしょうか。

　ある町の住民福祉懇談会で，災害時要援護者リストに登録され老老介護をしている高齢男性の方が「本当に要援護者リストに載っている災害弱者を救援してくれるのか？妻が要介護状態のためウチも登録しているが，毎年地域で防災演習をしているわりに，ウチに声かけや安否確認にさえ来てくれない。本人の立場からすれば本当の災害時に全く助けてもらえる気がせず不安だ。要介護状態で避難所生活が送れるのかも不安」とおっしゃっていました。登録させたけれども名簿は金庫にしまってしまい，結局どこに誰がいるのか住民に知らされることなく，支援の役割分担を決めてもいないし予行演習も行っていない等の事例はよく耳にします。災害が起こった時に本当に彼らの命を守れるのでしょうか*。高齢により車を運転できなくなって手放すと，たちまち買物や通院が困難となります。そうした移動困難者／外出難民といわれる高齢者も増加しています。外出困難ニーズは東京都世田谷区の住民からも聞きました。大都会で便利な世田谷区にさえあるニーズならば，おそらく全国すべてにあるニーズといって間違いありません。

　国（厚生労働省）も，21世紀に入って以降，生活問題の複雑化・多様化と，地域福祉の必要性を何度も提起しています。2000年に出された「社会的な援護を要する人々に対する社会福祉のあり方に関する検討会報告」を皮切りに，2008年の「これからの地域福祉のあり方研究会報告」，また社会福祉法人の公益的活動の文脈でも，制度の外側・隙間問題への対応の必要性が叫ばれ，2016年に社会福祉法改正が行われました。さらに，2017年に出された「地域力強化検討会最終とりまとめ」の取り組みなども同一線上のものといえます。

　みなさんの地域には，制度利用者だが制度が対応していないニーズを抱えていたり，困っているけど制度対象外になってしまっていたり，そもそも対応・支援する制度やサービスが無いなど，生きづらさや不安を抱えている人々や，繋がりや希望や生きがいを失っている人々はいないでしょうか（図）。ぜひ，福祉分野型・制度適用論の思考ではなく，柔らか頭で地域ニーズを想像してみてください**。

＊　2013年の災害対策基本法の改正により，避難行動要支援者名簿を活用した実効性のあるしくみへと改善が図られているところです。

＊＊　これらさまざまな社会問題については『図解：超少子高齢・無縁社会と地域福祉』（川上富雄，学文社，2014）に詳述されています。

9 地域アセスメントの主体

1 地域住民主体

　近年，個人を支援するケアマネジメントにおいても「セルフ（ケア）マネジメント」が求められるようになっています。セルフ（ケア）マネジメントとは，アセスメントからケアプラン作成までの過程に利用者本人が参加したり，専門職と協働で進めたり，本人自身が主体的にケアプランを作成したりすることです。これにより利用者は身体的にも精神的にも積極性が高まったり，回復の取り組みへの強い動機づけになることが指摘されています。介護予防やプライマリケアなどにおいて，利用者の判断能力や意思が明確な場合には積極的に取り組むべきであるとも指摘されています。このように，アセスメントやケアプラン策定に利用者自身が参加することが，エンパワメントに繋がるという考え方が一般的です。

　同様に，地域アセスメントにおいても，住民が主体となって地域アセスメントを行うことが，地域住民の地域課題への気づきや理解を促し，危機感や共感原理を刺激し，その後の地域組織化や活動参加への大きな動機づけに繋がるといえます。地域アセスメントの主体としての住民とは，地区の民生児童委員や自治会・町内会・地区社協役員のみを指すのではありません。当事者，家族，活動者などを軸にしながら，「住民の福祉リテラシー向上」や「住民参加の裾野拡大」を期するのであれば老若男女住民全員ということができるでしょう。そういう意味では，地域アセスメントの実施に際しては広く住民に周知し，少しでも多くの参加募集を行うことが肝要となります。

2 地域アセスメントを支えるさまざまな専門職

　住民自身が地域アセスメントの主体であり，住民が中心となって取り組むことには間違いありませんが，住民だけで取り組もうとしても，十分な地域アセスメントの知識やノウハウがない場合も多く，さらには，ニーズを把握したとしても，それをどう分析すればよいのか，どう解決策（支援活動）につなげていけばよいのか，など不安も一杯です。地域福祉に関わる専門職は，住民が取り組む地域アセスメントを支えていく必要があります。すでに触れたように，そもそも地域アセスメントはコミュニティワーク方法論の中に位置づいているものであり，社協や地域包括支援センターなど地域福祉推進機関の専門職がもつべき基本技術・必須業務といえます。生活支援コーディネーター（地域支え合い推進員）に期待されている役割も同様です。

　地域アセスメントは福祉専門職のみが駆使・支援している手法ではなく，目的や呼称は

違うものの，保健師や地域看護職も同様の活動を用いています。また，総務省の「集落支援員」制度は，地方自治体の委嘱を受けて過疎地域の集落に配置され，巡回，状況把握，集落点検，住民と住民・住民と市町村との間での話し合いの促進などを担うものですが，行っている職務はコミュニティワークそのものといえます。また，都市地域から過疎地域等に移住し地域おこしの支援を行う「地域おこし協力隊員」も，地域ブランドや地場産品の開発・販売・PR 等の地域おこしの支援や，農林水産業への従事といった経済的活動のほかに，住民の生活支援などの「地域協力活動」の役割も期待されており，過疎地域のコミュニティワークの推進者ということができます。このほかにも，本書第 2 部の事例のように，医師，消防，NPO 等多様な専門職もコミュニティワーク機能を担っています。

　また，2011 年の東日本大震災後には，仮設住宅で暮らす被災者の支援を行う「復興支援員」が配置されました。復興支援員は，被災時の住居・家族・仕事・学校などの環境変化，家族・親族・友人・近隣関係などの人間関係の喪失など，さまざまな不安や困難を抱える被災者の相談支援や安否確認（個人への支援）に加え，入居者同士の話し合いの場づくり（集団への支援），周辺の地域住民や団体との関係づくり（地域への支援）などコミュニティワークの機能も果たしています。

　専門職が住民とともに地域アセスメントに取り組む際に留意すべきは，地域アセスメントを住民に任せてしまったり，押し付けてしまうのではなく，住民とともに取り組む，住民の取り組みを支えるという意識と姿勢が大切という点です。地域住民には，これまでも行政や社協等からさまざまな事業への協力を要請されてきたにもかかわらず，「結果がフィードバックされなかった」，「押し付けられて梯子を外された」，「やれと言われて始めたのに予算カットを理由に一方的に縮小されたり打ち切られた」など，傷つき体験やトラウマを持ち，一部には「もう絶対に協力はしない」などという頑なな意見を持っている人もいます。このような，専門職としてのこれまでの住民との関係形成の失敗事例もふまえたうえで，地域アセスメントへの取り組みをきっかけにして信頼関係の回復にも取り組んでいく必要もあるでしょう。

10 地域アセスメントの圏域

1 地域とは

「地域（area region district zone）」とは，物理的・地理的・領土的範囲を意味し，地形が隣接している，同じ性質をもっているなどの理由からひとまとめにされる土地のことを指します。そうした一定の「地域」に居住し，共属感情を持つ人々の集団や共同体を「コミュニティ（community）」といいます。コミュニティの歴史は原始時代の集落遺跡にまで遡ることができます。その目的は共同防衛，共同生産・共同消費・祭祀などと言われています。中世から近世・近代にかけては，地域割で管理された徴税・監視・互助・自衛など（たとえば，五人組・五保の制，惣，結（自普請）・講，頼母子講・模合，隣組，町内会・部落会，催合（最合い）など），さまざまな機能を果たしてきました。現代でもコミュニティには「互助・共助・自衛」の役割が期待されています。しかし，そのことが「統治」や，過剰にプライバシーを侵害する「相互監視」にならないよう注意が必要です。さらに，「無関心」「不干渉」との戦いにも大変なエネルギーを要しています。

今日，「町内会」等の地域組織は，民法上任意団体と見なされ，また，地方自治法第260条の2で「地縁による団体」と定義されており，呼称も「町会」「自治会」「区」「区会」「地域振興会」「コミュニティ協議会」「常会」「部落会」「地域会」「地区会」などさまざまです。そして，これらのほかにも，地域には，自主防災組織（災害対策基本法§5-2），消防団（消防組織法），水防団，自警団（自主防犯組織），老人会（老人クラブ），女性会（婦人会），子ども会，公民館運営協議会，そして地区社協などがあり，すでに多くの住民が参加・参画しています。一方で行政の縦割りの論理でさまざまな地域組織づくりを押しつけられ，一部の住民にそれらの役職・役割が集中してしまい，疲弊しているとの指摘もなされています。

2 地域アセスメント圏域とは

地域アセスメントは，市町村行政や市町村社協の計画策定時などにも，しばしば行われます。これは市町村圏域を対象としたものです（かつ，制度的対象者を前提）。ここで紹介されるのは「○○な人が□□人います」という統計にとどまります。これはこれで緊急度の比較や政策立案などに大切なデータです。

一方，連合自治会・町内会連合会や中学校区単位，さらに自治会・町内会や小学校区・地区社協単位，そして民生児童委員の担当地区や区・班・組などブロック程度の単位まで圏域をどんどん狭めていくと，統計的にというよりも質的・事例的にニーズを実数で把握することができるようになってきます。住民の生活圏域に即した住民福祉活動を開発・推

地域アセスメントの理論と方法　第1部

進しようとする場合には，できるだけ小さな圏域設定を行い，それらの単位で地域アセスメントを実施し，具体的な困りごとの事例を収集・分析し，ニーズにフィットした活動を開発することが必要となります。

「住民支えあいマップ」*づくりを推奨している木原孝久氏は，その圏域を「せいぜい50世帯程度が住民の関心の向く範囲」と言っています。そう考えると，学区・町内会・自治会連合会といった圏域よりもさらに小さな，班，組，区といった"ご近所圏域"で細目にニーズを収集し，それらをより上位の圏域（町内会，地区社協，小学校区など）で取りまとめ，質的にも量的にも把握することで理想に近づけるといえます。ただし，そのためにはより多くの住民の参加協力と，よりきめ細かな調査が求められます。その組織化や実施のためのエネルギーも倍増することになるでしょう。

予め仮説をもって地域アセスメントを行うことも可能です。たとえば，「この地域は特に高齢化率が高く，こういう問題が深刻であろうことが予想されるため，住民主体でこんな活動を起こしたい」というように，地域援助を開始しようとする支援者・地域住民の考え方や方針，また，住民の生活圏感覚（生活圏）・地域意識（愛着）などさまざまな要素に基づいて圏域設定はなされます。つまり，目的や仮説，地域圏域感覚，方法や資源などによって，どの範囲で地域アセスメントを行うかが決まってくるといえます。

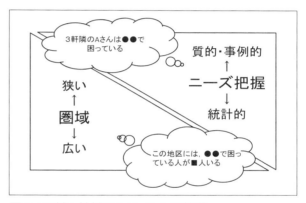

図1：圏域と地域アセスメントの特徴

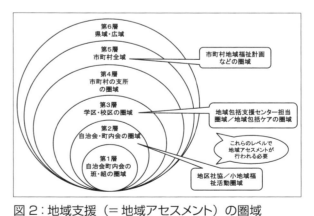

図2：地域支援（＝地域アセスメント）の圏域
（出典：「これからの地域福祉の在り方検討会報告書」（2008年3月31日）より抜粋引用）

---

*　「住民支えあいマップ」の詳細については，『支え合いMAP作成マニュアル』および『住民流助け合い起こし―「頼れる地域福祉」への8つのハードル』（いずれも木原孝久著，筒井書房，2011）を参照してください。

21

11 地域アセスメントの展開①
～地域アセスメントの展開・内容～

　地域アセスメントにおいて用いられる方法は，①既存統計データ等の収集および既存資源のリストアップ，②当事者・活動者・専門職等へのインタビュー・懇談会・ワークショップ，③数的把握のためのアンケート調査，④地域踏査・地区視診，などがあります。一般的にはこれらを必要に応じて取捨選択したり組み合わせて行います。しかし，地域住民が主体となって地域アセスメントに取り組もうとする場合は，あまり高度な技術や手続きを必要とするプロセスは省いて，「懇談会・ワークショップ・インタビュー」を複数回開催して声を集め議論を重ねながら地域ニーズを鮮明化していってもよいでしょう。緻密

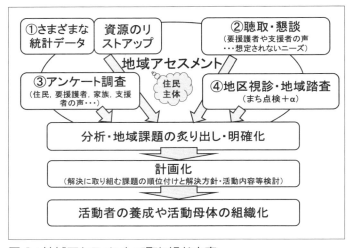

図1：地域アセスメントで取り組む内容

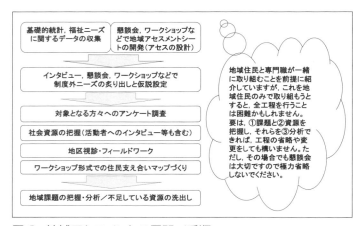

図2：地域アセスメントの展開／手順

地域アセスメントの理論と方法　第1部

に行おうとすれば高度な作業となってしまいますが，あまり難しく考えず，まずは集まって「自分自身の困りごとや将来の不安」「ご近所の方の困りごと」「援助にかかわった事例」などを出し合ってみることが大切です。

　地域アセスメントを行う際には，「地域の深刻な課題」「地域の心配で気がかりな課題」「みんながもつ不安」などの順位づけ・緊急度分類なども一緒に話し合ってみるとよいでしょう。地域アセスメントによるニーズの質量の把握から，その分析・順位づけ，そして課題解決のための方法の検討へと話が進んでいくと，もうすでに小地域福祉活動計画（地区社協計画）策定段階に入っているといえます。先にも述べましたように，地域アセスメントは地域アセスメントだけで終わらせる取り組みではなく，その先の課題解決までの一連の過程の中に位置づくものです。

　地域アセスメントを進めるにあたって最大の問題は，地域アセスメントの進め方の困難さではなく，一緒に取り組んでくれる地域住民をいかに集めるか…つまり地域アセスメントの主体形成にあるともいえるでしょう。「地域を歩こう」「地域の未来を話し合おう」「親子で考えよう」といった肯定的・積極的で柔らかなイメージを活動に持たせたり，「災害への備えを考えよう」といった，より住民共通の関心事をテーマとして取り上げることで参加促進につながる可能性はあります。

　なお，生活支援コーディネーターの役割としても地域アセスメントに取り組むことが期待されており，図3にあるように，厚生労働省による中央研修においてもその考え方や推進方法を学んでいるところです。

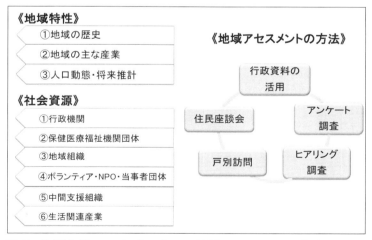

図3：生活支援コーディネーターの地域アセスメントの方法
（出典：厚生労働省「平成28年度　生活支援コーディネーター（地域支え合い推進員）に係る中央研修資料」より）

12 地域アセスメントの展開②
～既存統計データ等の収集および既存資源のリストアップ～

データや社会資源情報の収集では、図：地域アセスメントの枠組み・項目（案）の①～⑥にあるような情報を可能な限り収集します*。⑥は①～⑤を踏まえた分析・評価や、①～⑤に入らない情報を加える項目です。

図の中では触れていませんが、実際のアセスメント作業では、これらのデータをシートにはめ込んで整理するとともに、社会資源などは見やすいように地図に落とし込むことも有効です。

地域分析をするうえで重要となる各種統計への接近方法として「政府統計の総合窓口（e-Stat）」や「地域経済分析システム（RESAS）」などが有名ですが、これらを活用すれば、行政基盤や人口・世帯のみならず、自然環境、経済、産業、労働、健康医療、福祉、安全、居住、教育文化、観光など、多様なデータを収集することが可能となっています。

また、地元の役所に行けば、総合計画、福祉計画、資源情報のパンフレットやマップ、史誌・郷土史（「○○市史」）など、統計データに留まらないさまざまな情報を得ることができます。市町村によっては、ホームページ上に「町丁別5歳毎人口構成」などを公表しているところもあり、小地域の状況を把握するのに大変便利です。

①の地理的・歴史的・社会的・文化的・政治的概要については、市町村の各種行政計画などでも触れられていますので参考にするとよいでしょう。①は文章での表現になり

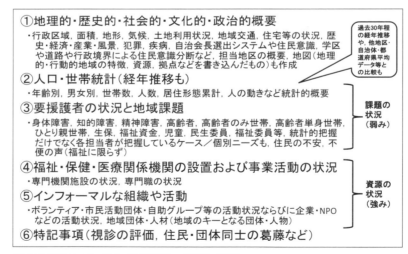

図：地域アセスメントの枠組み・項目（案）

---

* 本書では紙幅の都合で紹介できませんでしたが、『コミュニティソーシャルワークの理論と実践』（日本地域福祉研究所監修／中島・菱沼共編、中央法規、2015）p.61には、日本地域福祉研究所が提唱する地域アセスメント項目例が紹介されているので参考にしてみてください。

地域アセスメントの理論と方法　第**1**部

表：地域アセスメントシートの例

項目 （数的データを除き，改めて情報収集するというより日常業務・地域活動の中から把握されているものを記入）	概要 （必要なものは経年推移データ，市・県データとの比較も記入）	分析評価〜弱みと強み〜 （そのことがどんな問題を引き起こしたり，課題となっているか。あるいは，それがどんな資源・パワーとなりうるかなど分析を記入）
①地理的・歴史的・社会的・文化的・政治的概要 ・行政区域，面積，地形，気候，土地利用状況，地域交通，住宅等の状況，歴史・経済・産業・風景，犯罪，疾病，自治会長選出システムや住民意識，学区や道路や行政境界による住民意識分断など，担当地区の概要，地図（地理的・行動的地域の特徴，資源，拠点などを書き込んだもの）も作成		
②人口・世帯統計（経年推移も） ・年齢別，男女別，世帯数，人数，居住形態累計，人の動きなど統計的概要		
③要援護者の状況と地域課題 ・身体障害，知的障害，精神障害，高齢者，高齢者のみ世帯，高齢者単身世帯，ひとり親世帯，生保，福祉資金，児童，民生委員，福祉委員等，統計的把握だけでなく各担当者が把握しているケース／個別ニーズも，住民の不安，不便の声（福祉に限らず）		
④福祉・保健・医療関係機関の設置および事業活動の状況 ・専門機関施設の状況，専門職の状況		
⑤インフォーマルな組織や活動 ・ボランティア・市民活動団体・自助グループ等の活動状況ならびに企業・NPOなどの活動状況，地域団体・人材（地域のキーとなる団体・人物）		
⑥特記事項（地区視診の評価，町の印象，住民意識・文化・就労・所得・気になる地区や地形，人の集まりや流れ，住民参加や福祉サービス状況等を踏まえた福祉課題・生活課題と可能性を整理）		

ます。②人口・世帯統計，および，③要援護者の状況と地域課題は，さまざまなデータを収集して住民の暮らし方・働き方・学び方や，所得，高齢・障害・児童・低所得世帯などに関する状況を把握します。これらのデータは，「今の」「わが町の」データだけを集めればよいというものではありません。たとえば，「A地区の昨年の高齢化率は31.5％だった」という場合，A地区の高齢化率が全国的に，県内的に，市町村内的に，あるいは隣接地域との比較で高いのか低いのか，また過去から経年推移で高まっているのか低くなっているのかという傾向をつかむ必要があります。このようなことは他のすべてのデータについていえることです。また，データを他のデータと掛け合わせて相関性・傾向や要因をさぐるといったことも必要です。数字を集めてくるだけでなく，地域の皆さんや専門職が集まり，これらデータの分析をしながら，統計が示す傾向がどのような問題に繋がっているのか，今後どのような問題の発生が予想されるのかなどを地域アセスメントシートにコメントとして残すことも必要です。

　各種のデータ収集は住民よりもむしろ専門職が得意とするところです。社協や地域包括支援センターは日常的に市役所等との関係もあり，データをもらうといったことも業務のついでに依頼することもできます。

13 地域アセスメントの展開③
～当事者・活動者・専門職等への聴取・懇談会・ワークショップ～

　専門職からの情報収集としては，専門職の連絡会議開催のタイミングなどを活用して懇談会やワークショップ形式などで，自組織の制度・サービスで対応できなかった事例や，他機関や他分野との連携など工夫して解決した事例などを出し合ってもらうことができます。また，最近の要援護者やニーズの傾向なども知ることができます。住民・地域代表者，民生児童委員等からの情報収集は，懇談会，ワークショップ形式で地区視診の振り返りも話題にしながら，把握している地域の課題，気になる方々などについて出し合ってもらうことができます。当事者（高齢，障害，子育て，母子，ひきこもり，等々）からの情報収集としては，団体ごとの懇談会・ワークショップ形式や要援護者の抽出による個別インタビュー（聴取）などを通じて，個人として抱えている生活上の課題，団体として抱えている運営上の課題などを出し合うことができます。活動者（ボランティア，NPO，サロン，住民参加型，等々）からの情報収集としては，すでに地域で支援活動に取り組んでいるグループや団体へインタビューを行ったり，懇談会で活動内容や活動上把握したさらなるニーズ，活動上の課題などを聞きとることもできます。さらには，必要に応じて企業，商工会，商店会，警察，郵便局，金融機関，公民館，農協・漁協などからも情報収集してもよいでしょう。

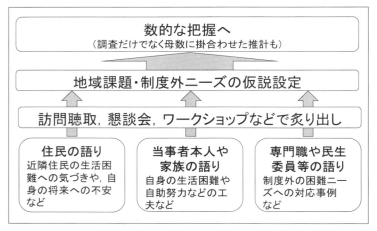

図：聴取・懇談会・ワークショップ等での制度の狭間・外側ニーズの炙り出し

　ここまで，情報収集と書きましたが，単にニーズ情報を集めるためにインタビューや懇談会やワークショップを開催するのではなく，問題解決に向けた主体意識の形成，つまり動機づけも同時に行う必要があります。「これら地域の課題解決のために自分たちに何ができるだろうか」と考えていくような進め方やコミュニケーションのとり方が必要となり

地域アセスメントの理論と方法　第 **1** 部

ます。

　また，懇談会やワークショップの資料として，統計データや資源リスト，地図，調査結果など，すでに収集・整理している情報があれば資料として提供することで，話題づくりや問題意識を刺激し発言のきっかけになります。さらに，懇談会やワークショップは，データを分析する場にもなりえます。地区の人口，年齢別人口，世帯数，家族形態，就労形態，就学携帯，制度利用者数，相談件数，交通・経済・教育などに関する把握できる限りの各種データや地区の地図などを用意し，懇談会・ワークショップ等から得られた事例と関連づけながら話し合いをするのも効果的です。たとえば，地区内の男性独居高齢者数が 70 人居ることが把握されていれば，事例的に出された一人の「男性高齢者の生活力の低さ問題」「食事の貧困問題」「引きこもり問題」なども，他の 69 人にも共通するかもしれない…と敷衍して捉えることができるでしょう。

　統計データだけでなく，資源リストなども施設・機関名を列挙するだけでなく，機能・役割・活動内容などを紹介しながら，地図に落としてみることで，社会資源が地域偏在していることや，通いにくさ・利用しにくさがあることなどにも気づくかもしれません。地図を用いて話し合いをしようとすると「いまさら地元町内のどこに何があるかなんて分かりきったことを地図に落とさなくても」という住民の方は少なくないのですが，拡大した地図を皆で覗き込みながら懇談会やワークショップをすると，「ここの坂と階段がキツイよね」「ここは街灯が暗いよね」「この交差点は事故が多いよね」「○○さんがここを自転車で通っていたら原付バイクに後ろから近づかれ，籠に入れていたバッグをひったくられた」「他所の人がここの土手に粗大ごみを違法投棄している」「あそこの独居のおじいさんは一年中家の前に出て通りがかる人を見ていて，子どもたちが気味悪がっている」「デイサービスの送迎ルートのここにゴミ屋敷のような荒れた家がある」といった意見がたくさん出てきます。

　当事者・活動者・専門職等へのインタビュー・懇談会・ワークショップは，地域の問題を事例を通して質的に把握する場であると同時に，統計データや地図とすり合わせ量的ニーズを推論したり分析したり共有化する場にもなります。当事者・活動者・専門職が一緒になって懇談会やワークショップを開いてもよいでしょうし，1 回だけでなく必要に応じて何度も開催するべきものです。

14 地域アセスメントの展開④
～数的把握のためのアンケート調査～

　数的（量的）にニーズを把握するためには，一般的にアンケート調査を行うことが考えられます。ただし，アンケート調査には多大な費用と時間と労力が求められます。また，調査方法や設問内容などの調査設計を誤ると，その結果が意味を持たないものにさえなることがあります。そのため，まずはアンケート調査の必要性の確認が重要です。本当にアンケート調査を実施する必要があるのかどうかを検討したうえで，できる・できない・どうすればできるか，できるとすればどういった方法で行うか，その方法で仮説証明に必要なデータが得られるか，等について検討することになります。

　本格的なアンケート調査を行う場合には，手順や方法，作り方などに精通した専門職がしっかりとサポートすることが大切です。むしろ，調査主体の安心感を回答者に与えたい（回収率にも影響します）ならば役所や社協をはじめとする専門機関の名義で実施したほうがよいかもしれません。

段階	内容
調査対象の決定	対象・人数を決める
質問内容の決定	問題解決を見通して作成する，集計しやすい設問にする
調査票の作成	質問紙の作成（必要ならば，問題用紙と回答用紙を分ける）
アンケートの実施	回答者にアンケートに回答してもらう
アンケートの回収	アンケート用紙を回収する
アンケートの集計・データの分析・加工	有効票の選別 単純集計やクロス集計 多変量解析 など
結果の解釈	分析結果による結果の解釈を行う
報告書の作成	結果のまとめを行う（発表用の図表の作成など）

図：アンケート調査の流れ

1 定量調査の展開 *

　定量調査は，多人数を対象者として実施するアンケート調査です。集計結果は数値データ化されますし，調査の結果や傾向をグラフや図で表現できるため，分析が容易で，かつ

---

* 定量（的）調査とは量的調査のこと。反対に定性（的）調査とは質的調査のこと。

地域アセスメントの理論と方法　第1部

第三者への説明資料としても有用なデータが得られます。一般にアンケート調査は図のような流れで展開します。なお，調査の規模にもよりますが，短いもので1か月，長いものだと半年といった時間を見込んで実施検討する必要があります。

2 定量調査の方法

代表的な調査方法は以下のようなものです。

①訪問面接調査

調査員が調査対象者の自宅を訪問してアンケート項目に従い聞き取りで調査を行う調査法です。調査員が直接応対するため回収率が高く，適切な回答を得られます。ただし人手・時間・コストがかかる方法です。

②訪問留置調査

調査員が調査対象者の自宅を訪問してアンケートの調査票を留置（ポストに配布）し，数日後に再訪して手渡しで回収する調査方法です。

③郵送調査

調査票を対象者の自宅に郵送し，回答を記入した後に返送してもらう調査方法です。日中，留守になりがちな調査対象者にも依頼しやすい半面，他の調査と比較して回収率が低い傾向があります。

④電話調査

調査員が対象者に電話で質問する調査方法です。主に，世論動向を探ったり民間企業が市場調査をする際に用いる方法です。短期間に具体的な意見や声を聞けますが質問量が多い調査には不向きです。

⑤会場調査

調査対象者を会場に集めて（あるいは調査対象者が会場に集まった機会を利用して）行う調査です。低コストで多数の対象者に一度に行えるという利点があります。

⑥インターネット調査

インターネットを利用して，メールやWebサイトを通してアンケートを行う調査方法です。低コストかつ短期間に大量の回答を収集でき，集計も簡単なため，近年とくに利用が増えています。ただし，高齢者などインターネットをあまり利用しない層を対象とする場合には不向きです。

15 地域アセスメントの展開⑤
～地区視診・地域踏査（フィールドワーク）～

　地域のみなさんが地域アセスメントしようとする場合の地域は，地元の生活圏ですので，専門職が行うような改まった地区視診や地域踏査の必要はないかもしれませんが，地域アセスメントメンバーで地域を歩きながら，さまざまな課題を現認し，地図に落とし込み，共有していくことは決して無駄ではありません。懇談会やワークショップ，数的調査等に加えて，可能であればぜひこの地区視診も取り入れてみてください。地区視診や地域踏査というと堅苦しいイメージですが，あまり深刻に構えず，「地域散歩大会」「地域探検

図1：横浜市南区六ツ川大池地区で実施した地区視診例（持ち歩いたシート）

図2：座間市入谷4丁目の地域診断シート

会」くらいの気持ちで企画実施しても結構です。

　地区視診実施の配慮点としては，可能な範囲でお年寄り・障害者・子ども・子育てママさん等多くの参加者を募ってください。多様な目線で一緒に地域を歩いてみることは大変意義のあることだと考えられます。座間市入谷4丁目で地区視診をしていた時のことです。4歳児ほどの女の子が坂道の途中でしゃがみ込んで手を引くお母さんに駄々をこねていました。「もう疲れた，おんぶしてヨ」といったところでしょうか。地区視診のメンバーは大人ばかりだったので気づきませんでしたが，子どもにとってこの坂は果てしなく長く急に感じるんだろうな……と振り返りの際に話題になりました。車椅子利用者やベビーカー利用者が参加すれば，階段や段差，道の狭さなども点検できるでしょう。子どもたちが参加してくれれば，大人と子どもがこの町での暮らしについて互いにいろいろな話をしながら歩けるでしょう。楽しい地域イベントとして「まち歩き」を企画してはいかがでしょうか。もちろん，そこまで大イベントにしたくないという場合は，地区社協役員，民生児童委員，専門職等のメンバー構成で実施しても結構です。

　もう一つの配慮点としては，天気の悪い日には実施しないということです。悪天候下で強行実施すれば調査者も辛いだけでなく踏査中の事故等の危険も高まります。楽しくワイワイと取り組んでいただきたいという趣旨からも，また，地区視診を含む地域アセスメントは期限のあるタイトな日程の中で急いで無理に行わなければならないものではないという点からも，暑い時期や寒い時期の実施は避け，雨天・強風になれば躊躇わず延期しましょう。

　具体的実施方法としては，①山・丘・ビルなど，地区が俯瞰・鳥瞰できる高い所があれば最初に行ってみて，地区を見渡してみる，②公共施設，学校，寺社仏閣，ショッピングセンターなど住民が集まりそうな主要な地点を見に行きチェックする，③歩きながら，五感を研ぎ澄ませて自然，地形，交通，歴史，文化，人間性，生活，バリア等を把握する，④メンバーで説明し合ったり，わからないことは地域の人々に聞いたりしながら，得た情報や気づいたこと感じたことをメモや地図に記録しておく，⑤地区視診後すぐに振り返り，情報の整理と共有化を行う，などを行うことになります。予めコースを決めておいてもよいですし，確認ポイントだけ大まかに決めておき，どこを通り経由するかはその時々で判断するといったおおまかな決め方でも結構です。

　懇談会・ワークショップと同様に，地区視診も1回だけで終える必要はありません。新たな課題や不明点があれば何度でも地区視診を実施しましょう。先にも述べましたように地域住民が楽しんで参加できるまち歩きイベントとして年中行事にしてしまってもよいのではないでしょうか。

16 課題分析と小地域福祉活動計画の策定

　既存データの収集・分析，インタビュー・懇談会・ワークショップ，アンケート調査，地区指針・地域踏査などの地域アセスメントによって地域の課題が見えてくると，次の段階として，それらの課題を「どれから」「どのように」解決していくのかを考える段階に移行します。この分析やふるい分けの作業も懇談会やワークショップで行います。

　何を「ふるい分け」するのかというと，炙り出された地域課題はさまざまでしょうが，それらの中で，福祉制度の充実などで行政が対応すべきものと，地域で住民が取り組み解決を図るべきものとのふるい分けです。さらにいえば，地域住民だけで解決に取り組めることと，専門機関・専門職と地域住民が連携協働することによって解決できる問題のふるい分けです。住民参加，住民参加と何度も言ってきましたが，住民は制度や公的サービスの足らざる部分を補うために何でも担わなければならないのかというと，決してそうではありません。命や生活の基盤に関わるニーズは公的サービスが責任をもって担うべき部分です。一方，ふれあいや交流や趣味などを通じた孤独感の解消・自己実現実感・生きがいの支援は住民活動をおいてほかにありません。こうした判断基準をもって，誰が担うべきか，だれが解決主体かを考え，必要であれば行政等へ要望していく活動も展開していく必要があります。

地域アセスメントの結果，地域の課題が具体的に見えてきた

たとえば・・・「外出困難で孤独感を感じている独居高齢者が35人いた」「車が運転できなくなって買物外出に苦労している高齢者が15人いた」「去年1年間で高齢者の孤立死が3件あり，そのリスクが高い方も30人ほどいることがわかった」「共働きで生活が苦しく，子どもに学習習慣を身につけさせたり塾に行かせたりできないと悩む世帯が10世帯あった」「障害児を抱える親から，緊急時に預かってくれたり留守番見守りをしてくれる人・場所が欲しいとの声が挙がった」「ニートの人が10人いて，本人も家族も苦しんでいることが分かった」「ゴミ屋敷が3軒あり，いずれも近所の訴えを聞き入れてくれない方である」「中高年独居男性の食生活が荒んでいて外食・孤食が多いことが分かった」「耕作放棄地や荒れ山が増え，猿やイノシシなどによる獣害被害が深刻だ」「小学校の通学路の路地が車の抜け道になっていて登校時は危険」「認知症が疑われる独居高齢者が8人いることがわかった」「坂や階段が多く，体が弱い方の外出が大変」・・・などなど

| 行政や社協などに要望していくこと | 専門機関と地域住民が一緒になって取り組めること | 地域住民・地域資源で取り組めること（既存の活動の改変・修正・拡大も含めて） |

| 市町村地域福祉計画等に要望・反映 | 目標を設定し解決策・取り組みを計画化（小地域福祉活動計画の策定） |

図1：把握された課題の分析／ふるい分け

地域アセスメントの理論と方法　第1部

　ふるい分けをした結果，「地域で担うべきもの」「地域で担えそうなもの」が絞り込まれてきます。それらの解決に向けた取り組みの順位づけや目標設定，解決方法，担い手，目標期限などを検討し盛り込んだものが小地域福祉活動計画（地区社協計画等とも呼ばれます）です。小地域福祉活動計画は地域ぐるみで取り組んでいくものですので，一部の人が作文して創作できるものではありません。どの課題から解決に取り組んでいくか，どのように取り組むか，誰が取り組むか…を何度も何度も懇談会を重ねながら固めていく必要があります。またその過程を通じて住民の参加主体形成が図られ，理性も，実践力も，自治力も有する住民として地域自治を行い，行政計画等に参加していく力量が高まっていくのだと考えます。

```
┌─────────────────────────────┐  ┌─────────────────────────────┐
│ 地域アセスメントを地域住民が行える │  │ 島根県内の市町村社協や静岡市社協等では │
│ ようになれば（力が付けば），住民自 │  │ 住民主体の小地域福祉活動計画策定を推進 │
│ 身の手による小地域福祉活動計画   │  │                             │
│ の策定も視野に入ってくる        │  │                             │
└─────────────────────────────┘  └─────────────────────────────┘
```

小地域福祉活動（地区社協）計画とは

- 市町村域よりもさらに小さな，学区，町内会・自治会，地区社協等の単位で住民によって策定される福祉計画
- これら全地区の小地域福祉活動計画を集約し「○○市（町村）地域福祉活動計画」としているところもある
- 小地域福祉活動計画は法的根拠や策定義務はないので，決まった体裁や様式もない。計画書は数十頁の冊子になることもあるし，プリント1枚で収まる場合もある
- 「課題」「目標」「対策・方法」「資源」「期間」（5W1H）の基本要素が盛り込まれていれば計画書となる
- 市町村地域福祉（活動）計画画と概ね同様の方法・手順で策定されるが，何よりも策定過程へのより高い住民参加率が期待される

図2：小地域福祉活動計画（地区社協計画）の策定

　経営学では，「問題の明確化，原因の発見ができれば解決に割くエネルギーは1割」などとよくいわれます。「原因がわかれば，どのような対策を取ればよいのかは自ずと導かれる，やらねばならないことは決まっている」ということです。地域アセスメントはその「問題の明確化」「原因の発見」を行うものといえます。小地域福祉活動計画策定までで9割のエネルギーを消費するのですから，決して楽ではないかもしれませんが。

33

17 地域アセスメントの枠組み・項目と アセスメントデータの共有・更新

1 地域アセスメントの枠組み・項目

　地域アセスメントにおいて，地域の何をアセスメントすればよいのでしょうか。その枠組み・項目の例を 12 章で提案しました。また，15 章では座間市社協が開発し活用した地域診断シートを紹介しました。この例の他にも現場には無限に近いさまざまな地域アセスメントの枠組み・項目・シートがあります。一例として，図 1，図 2 において神奈川県社協が市町村社協新人職員研修用に開発した地域診断シート，また，横浜市社協で用いられている地域診断シートも紹介しています＊。

　しかし，どのシートも開発途上であり，それらシートの項目を機械的に埋めていくだけで幅広く常に変容する社会状況や地域課題を的確に捉え炙り出すことはできません。まことに逆説的なのですが，地域アセスメントシートに頼り切ってしまうと，項目に入っていない事項やニーズを把握する視点が欠如し見逃してしまう恐れもあります。つまり，地域アセスメントシートはどこまでいっても完全無欠・絶対不変の道具ではないということです。例示した地域アセスメントの枠組みにとらわれる必要はありませんが，既存の地域アセスメントシートを活用する場合も，その限界性を十分理解し，批判眼をもって実践的に応用していくことが大切です。つまり，地域アセスメントしながらシートの項目を膨らま

地区名：		担当エリア（町・丁目）：			
		人口（高齢化率・障害児者数）：			
		出生数（または出生率）：			
①主な公共施設	公共施設				
	学校				
	未就学児施設				
②福祉・保健・医療関係機関等	福祉・保健施設・機関				
	医療施設・機関	エリア内：		エリア外：	
③地域特性（ハード面・ソフト面の概況）					
④ボランティア・市民活動団体・自助グループ等の活動状況ならびに企業，NPOなどの活動情報	グループ・団体名	活動日・場所・内容	グループ・団体名	活動日・場所・内容	
⑤地域団体・人材（地域のキーとなる団体・人物）					
⑥地域課題					
⑦自社協や先輩職員の地域課題への取り組み			⑨相関関係図（要援護者と住民活動など）		
⑧関係者へのヒアリング内容					
⑩自分自身の地域課題についての感想		⑪自分が社協職員として今後取り組んで行きたいこと			

図 1：神奈川県社協の地域診断シート

＊　いずれのシートも情報量が多すぎるため，掲載にあたっては文字が小さくなってしまっており，項目も省略している部分がありますのでご容赦ください。とくに横浜市南区社協のシートは A3 版用紙で 4 枚にもわたり，社会資源等を一つひとつ書き込んでいくと 6 枚・8 枚・10 枚と膨らんでいきます。

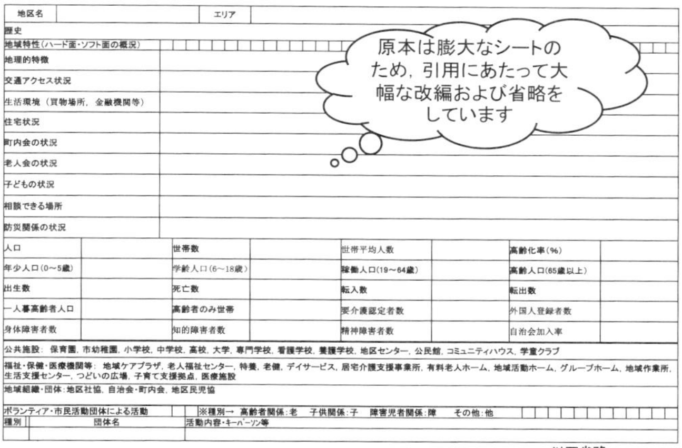

地区名		エリア					
歴史							
地域特性（ハード面・ソフト面の概況）							
地理的特徴							
交通アクセス状況							
生活環境（買物場所，金融機関等）							
住宅状況							
町内会の状況							
老人会の状況							
子どもの状況							
相談できる場所							
防災関係の状況							
人口		世帯数		世帯平均人数		高齢化率（%）	
年少人口（0～5歳）		学齢人口（6～18歳）		稼働人口（19～64歳）		高齢人口（65歳以上）	
出生数		死亡数		転入数		転出数	
一人暮高齢者人口		高齢者のみ世帯		要介護認定者数		外国人登録者数	
身体障害者数		知的障害者数		精神障害者数		自治会加入率	
公共施設：保育園，市幼稚園，小学校，中学校，高校，大学，専門学校，看護学校，養護学校，地区センター，公民館，コミュニティハウス，学童クラブ							
福祉・保健・医療機関等：地域ケアプラザ，老人福祉センター，特養，老健，デイサービス，居宅介護支援事業所，有料老人ホーム，地域活動ホーム，グループホーム，地域作業所，生活支援センター，つどいの広場，子育て支援拠点，医療施設							
地域組織・団体：地区社協，自治会・町内会，地区民児協							
ボランティア・市民活動団体による活動		※種別→　高齢者関係：老　子供関係：子　障害児者関係：障　その他：他					
種別	団体名	活動内容・キーパーソン等					

以下省略

図２：横浜市南区社協の地域診断シート（一部改編）

せたり改変し修正していくセンスがアセッサー（アセスメントに取り組む人）には求められるといえます。

2　地域アセスメントデータの共有・更新

地域アセスメントは，アセスメントに携わった人々が理解し手持ちの資料として保管していればよいものではありません。広く地域住民に公表され共有されるべきものです。また同時に，その成果は支援に関わる専門職の間でも共有されるべきものです。

ある社協では，職員の地区担当制を敷き，担当地区の地域アセスメントシートは局内LANで全職員に情報共有されるとともに，電話，面談，訪問などで担当職員が地区に関わるごとに，どのような用件でどのように対応したかを記録し局内LANで報告し，上席者回覧後に事務局長からスーパービジョンを受けるようになっています。また月１回は局内カンファレンスが開かれ，各地区担当者は地区の状況や問題を報告し皆で地区支援方針を検討しています。担当者は毎年のデータ更新の責任も負っています。このため，異動や退職で担当者が代わっても，この記録を見れば継続的支援方針のもとで地域に関わることができます。

《第 1 部　参考文献》

合田加代子『住民主体の孤立予防型コミュニティづくり』ふくろう出版，2014

西村幸夫・野澤康編『まちの見方・調べ方―地域づくりのための調査法入門―』朝倉書店，2010

島根県中山間地域研究センター編集『地域づくり虎の巻』島根県中山間地域研究センター，2013

日本地域福祉研究所監修／中島修・菱沼幹男共編『コミュニティソーシャルワークの理論と実践』
　　中央法規出版，2015

木原孝久『支え合い MAP 作成マニュアル』筒井書房，2011

木原孝久『住民流助け合い起こし―「頼れる地域福祉」への 8 つのハードル―』筒井書房，
　　2011

川上富雄『図解：超少子高齢・無縁社会と地域福祉』学文社，2014

高森敬久・高田真治・加納恵子・定藤丈弘『コミニティワーク―地域福祉の理論と方法―』海声社，
　　1984

神奈川県社協市町村社協部会編『社協によるコミュニティワーク実践に向けた提案集―検討会報
　　告―』2013

柳原邦光・光多長温・家中茂・仲野誠編著『地域学入門』ミネルヴァ書房，2011

水嶋春朔『地域診断のすすめ方』医学書院，2006

金川克子編『地域看護診断―技法と実際―』東京大学出版会，2000

吉岡茂・千歳壽一『地域分析調査の基礎』古今書院，2006

『広がる地域の福祉力―小地域福祉活動事例集―』全国社会福祉協議会，2008

瀧本浩一『改訂版地域防災とまちづくり』イマジン出版，2008

上野和彦・椿真智子・中村康子編著『地理学基礎シリーズ① 地理学概論　第 2 版』朝倉書店，
　　2015

日本青年会議所・大正大学地域構想研究所編『地域人別冊　地方創生に役立つ地域データ分析の
　　教科書』大正大学出版会，2017

『保健師ジャーナル―特集：見える化時代の地域診断―』2017 年 3 月号　Vol.73 No.3，医学書院，
　　2017

佐伯和子編著『地域看護アセスメントガイド』医歯薬出版，2007

浦川豪監修『GIS を使った主題図作成講座―地域情報をまとめる・伝える―』古今書院，2015

平沢誠司・武者忠彦・近藤草夫・濱田博之編『地域分析ハンドブック』ナカニシヤ出版，2015

村山祐司『増補改訂　地域分析―地域の見方・読み方・調べ方―』古今書院，1998

大友篤『地域分析入門』東洋経済新報社，1997

鵜飼修編集『地域診断法』新評論，2012

佐藤郁哉『実践フィールドワーク入門』有斐閣，2002

中田実『地域分権時代の町内会・自治会』自治体研究社，2007

エリザベス T. アンダーソン／ジュディス・マクファーレイン編，金川克子・早川和生監訳『コミュ
　　ニティ アズ パートナー地域看護学の理論と実際（第 1 版）』医学書院，2002

第2部

地域アセスメントの
実践と関わり

1 地区社協設立に向けた地域アセスメントの活用

座間市社会福祉協議会総務企画課ボランティアセンター担当課長　小林孝行

1 座間市の概要

　座間市は、神奈川県のほぼ中央に位置し、市域は中央部を南北に縦断する座間丘陵を境として東部には相模原台地が、西部には相模川に沿った沖積低地が広がり、起伏に富んだ地形を構成しています。八王子街道の宿場町として町が形成され、昭和30年代半ば頃（1960年頃）からは大企業の誘致が行われ自動車産業を中心とした企業城下町となりました。さらに昭和40年代の急激な人口の増加により農村から工業および住宅都市へと変貌を遂げ、現在では人口密度が県下第4位という市となっています。都心のベッドタウンとして発展を続けており、人口も高い水準で増加しています。

2 地域アセスメント実施の経緯

　座間市社会福祉協議会（以下「座間市社協」という）では、第2次地域福祉活動計画において「市内全域に地区社協を設立する」という目標を設定し、その対象地域として未設置区域であった「入谷第二地区」に照準を合わせました。しかし、過去の地区社協設立支援の際に、地域住民から「なぜ地区社協を設立せねばならないのか」「福祉活動は自治会が主体となって行えばいいのだから、新たな組織を作る必要がない」等といった意見が出されました。これを受けて職員間で議論を重ねる中で、①「なぜ」地区社協が当該地域に必要なのかを根拠立てて説明する必要、②対象地区の住民が「わが町」をどのように捉えているのかを知り、当該地域の未来像を住民がどう描くのかを一緒に考える必要、とい

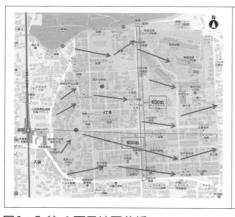

図1：入谷4丁目地区分析

う２つの必要なことが見えてきました。

①「なぜ」地区社協が当該地域に必要なのかを根拠立てて説明する必要

地区社協設立に向けて住民との協議の場を開く前に，私たち職員が当該地域がどのような状態にあるのを把握するために，当該地域のあらゆる情報を持ち寄り，分析（職員による地域アセスメント）を開始しました（図１）。この時点での分析により，図１にあるような内容が挙がり，この内容を基に住民と協議の場を設定しました。

②対象地区の住民が「わが町」をどのように捉えているのかを知り，当該地域の未来像を住民がどう描くのかを一緒に考える必要

当該地域に居住している住民は，何を感じ，何を考えているのかをワークショップを通じて分析（住民との協働による地域アセスメント）を開始しました。この時活用したのが，下の地域診断（アセスメント）シート（図２）です。この取り組みは，神奈川県社会福祉協議会コミュニティーワーク検討会のモデル事業としても行いました。そのため，県社協検討会との打ち合わせを経てアセスメントシートを作成しました。ワークショップの結果，狭い範囲の地域であっても，住民それぞれで感じていること，考えていることの違いを認識することができ，肌感覚や住民同士の会話にある課題を可視化することに成功しまし

地域情報

人口規模	6，291人	世帯数	2843世帯	ひとり暮らし世帯(市全体)	17,169世帯 内高齢者 3,999世帯	
	男性 3113人 女性 2178人	自治会加入世帯	1857世帯 (座間ハイツ1047世帯)	自治会加入率	65.32%	
児童数(15歳未満)	519人	男性 266人 女性 253人	生産人口(15歳以上65歳未満)	3，897人	男性 1,960人 女性 1,937人	児童 8% 生産 62%
高齢者数(65歳以上)	1，875人	男性 人 女性 人	外国人居住	人	男性 人 女性 人	高齢 30% 外国 0.8%
自治会区域 構成自治会名を記入	中天台西	中天台北	新中天台北	アメニティ座間	信販座間	中天台下
	中峯	西中峯台	天台南	中天台東	シティパル座間	入谷ニュータウン
	ニューハイツ座間	東建入谷				
地域資源	教育機関	やなせ幼稚園	やなせ第2幼稚園	入谷小・中原小 立野台小	西中・栗原中	
	行政施設	入谷 老人憩いの家				
	医療機関	内山 整形外科	宮本内科	片桐・白風 天山・山本歯科	小島小児科	金子産婦人科
	商業施設	フードワン オオゼキ	クリエイト	新川酒店	神龍飯店	
	福祉施設	すこやか 保育園	やなせ 保育園	風の子(高齢) 送迎	レストヴィラ 谷戸山公園	てまり(送迎)
	その他	公園1 天台第1・天台第2 谷戸山	公園2 フォルスコート横 アメニティ裏・シティパル横	集会所 信販座間・つどいの丘 アメニティ座間		
地域団体	中天台睦会（53名）	民生委員（ 9名）	ラッコのわ（ 8名）	防犯パトロール隊（ 名）		
	子ども会（ 名）	自治会（ 名）	子ども見守り隊（ 名）	自主防災会（ 名）		
地域の歴史						
地域のおすすめポイント best 5	第1位	県立公園(谷戸山)が近く癒しの場				
	第2位	老人憩いの家が近く人が集れる空間				
	第3位	天台第2公園が綺麗で子どもが安心して遊べる				
	第4位	駅が近く交通の便が良い				
	第5位	スーパーが近く、買い物が便利				
地域のおこまりポイント best 5	第1位	コミセンなどが無く、多目的に集れるところが無い				
	第2位	坂が多くて移動が不便				
	第3位	歩道がなく通学が危ない				
	第4位	学区の違いで情報伝達や交流がうまくいかない				
	第5位	公衆トイレがなく不便。空き巣・チカンが多い				
私たちができること	その①	あいさつ運動を続ける（近隣の団体も巻き込んで）	その④	広報・情報の共有		
	その②	地域の活動に参加する（自治会活動・パトロールなど）				
	その③	ふれあいの場(サロン)をつくる（小規模）				

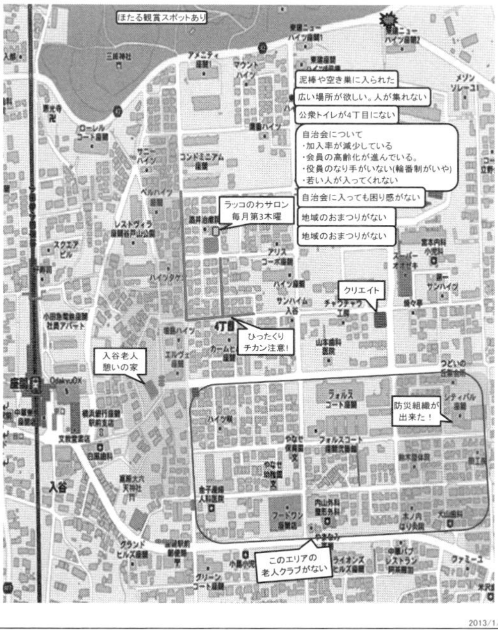

図２：入谷４丁目地区の地域診断（アセスメント）シート

た。とくにシート内の「お困りポイント」と「おすすめポイント」については，当該地区の「今」と「未来像」を探るうえでは有効な項目となりました。また，社協職員や行政職員もワークショップへ参加し，シート上で同じ目線によるグループワークを行うことができきました。

3 地域アセスメントシートの効果

入谷4丁目の地域アセスメントをするにあたり，以下の3点を意識したワークショップを開催することで，専門職と住民とで地域に関する情報が共有され，そして可視化・記録化され，今までそれぞれの視点で会話していたものをシート上で融合することができました。

①数値化できるものは数値で表す（行政や専門職が得意とする項目）
②住民が感じている長所・短所を共有する（住民が書きやすい項目）
③地図を取り入れることによる地域構造的な課題の共有（誰でも意見の言いやすい項目）

このように，地域アセスメントを行うことは当該地域の「今」を把握するうえでは重要な指標となったと考えます。人口や高齢化率，自治会などの加入率といった数的な資料は客観性を担保し，地域資源やおすすめポイント・お困りポイントは住民感情や肌感覚といった主体性を育むものになります。また，専門職のみが行うのではなく，住民とともに行うことで，政策形成の資料として，また，住民によるまちづくりの根拠として役立てられます。地域アセスメントシートを活用したワークショップの開催により，地域住民と行政・社協職員が協働して地域ニーズを炙り出し，共有化を図ったことは，地区社協設立に向けた動機づけのひとつとなったことは間違いありません。

4 入谷第二地区社会福祉協議会設立へ

ワークショップ開催後，継続的に当該地域と協議を行った結果，「入谷第二地区社会福祉協議会」が設立されました。地域アセスメントの結果を参考にしつつ，「居心知（いごこち）」をテーマに具体的なアクションプランの策定を行いました。現在は，この「居心知」のいいまちづくりに向けて，入谷第二地区社協は活動を続けています。

「居」場所がある	→	地域住民が気軽に集える場所の確保	… サロン活動の実施
「心」が通う	→	住民同士が心通わせる活動の展開	… 地域見守り活動やパトロール活動の実施
地域活動を皆が「知」る	→	住民同士の活動や行政情報の周知	… 住民講座・講演会の開催

地区社協準備会の様子
「居」「心」「知」のグループでアクションプランの検討

「いごこちサロン」の様子

2 コミュニティソーシャルワーカー（CSW）による個別支援から地域支援への取り組み

相模原市社会福祉協議会福祉推進課地域支援係主査 **藤居昌行**

1 相模原市および相模原市社協の概要

　相模原市（以下「本市」）は神奈川県の西北部に位置し，平成の大合併を経て 2010 年に政令指定都市に移行し，現在，人口は 70 万人を超えています。本市では，2015 年に策定された「第 3 期相模原市地域福祉計画」および「第 8 次相模原市社会福祉協議会地域福祉活動計画」に基づき，コミュニティソーシャルワーク実践担当者（以下「CSW」）を相模原市社会福祉協議会（以下「本会」）に配置しています。本稿では，CSW の支援事例を通じて，個の問題から地域アセスメントを経て地域支援につなげる CSW の視点や役割について整理します。

2 事例1 A さんへの関わりから全市的な発達性ディスレクシア支援へ

　A さんは 50 歳代の男性で読み書き（とくに漢字）に困難があります。市役所などから届く文書が漢字ばかりでわからないため，ふりがなを振ってほしいという相談から，本へのルビふり，音声訳などボランティアへの依頼を中心に対応してきました。加えて，A さんのこれまでの体験談などをお聞きし，まとめたものを本会や関係機関の職員などに渡し，いろいろな人に読んでもらい理解を促すようにしました。

　このことをきっかけに，同じように読み書きに困っている方に対して何らかの支援ができないかと考えるようになりました。文部科学省の調査結果* を確認すると，「読む」または「書く」に著しい困難を示す児童生徒の割合は推定値 2.4％となっており，他にも出現頻度を 5 ～ 8％とする説もあり，この方々の生活ニーズ把握の必要性は高いと考えました。そこで，市外を拠点に発達性ディスレクシア** の支援をしている NPO 法人 B に伺い，支援者の言語聴覚士と 10 歳代の当事者 5 名の方々と情報交換をしたところ，「板書をノートに写している間に消されてしまう」，「宅配便が届いた時に判子が見つからないと署名をしなければいけないので冷や汗をかいた」など，学校や普段の生活における困りごとを詳しく聞くことができました。これを受け，市内の発達障害支援センターおよび発達障がい

---

*　文部科学省「通常の学級に在籍する発達障害の可能性のある特別な教育的支援を必要とする児童生徒に関する調査」，2012

**　発達性ディスレクシア…「発達性ディスレクシアは，神経生物学的原因に起因する障がい。その基本的特徴は，文字や文字列の音韻化や音韻に対応する文字の想起における正確性や流暢性の困難さである。こうした困難さは音韻能力や視覚認知力などの障がいによるものであり，全般的知能の水準からは予測できないことがある。聴覚や視覚などの感覚器の障がいや環境要因が直接の原因とはならない。」（発達性ディスレクシア研究会，2016）

児を支援している NPO 法人にヒアリングをしましたが，個別対応はしているものの調査などはなされておらず，当事者の全体像を把握するには至りませんでした。

出現頻度が文部科学省の推計値である 2.4％だと仮定すれば，本市には約 17,000 人の発達性ディスレクシアの当事者がいることになります。文字を使い始める 5 歳ぐらいに確認できることがありますが，発達性ディスレクシアのことが知られていないため，本人が抱え込んで苦しんでいる場合も多いと推定されます。NPO 法人 B とも連携のうえ，さまざまな関係者や一般への周知ができる社協の強みを生かして，まずは発達性ディスレクシアについて広く知ってもらうことが重要だと考え，NPO 法人 B の方々による体験談を含めた講演会を行うこととしました。開催にあたっては参加者が集まるか不安でしたが，100 名を超える応募があり，参加者アンケート回答者のうち当事者またはその家族が約 33％，福祉・就労関係などの支援者が約 24％，最も多かったのは教員で約 37％でした。アンケートの回答からは「体験談でご本人たちの話が聞けてよかった」「学校の先生，生徒にもっと知ってもらいたい」「専門の相談機関を市内でも作ってほしい」などさらに多くのニーズを把握することができました。これを地域アセスメントの一環として分析をし，継続して本人や家族による講演会や情報交換会の実施，当事者組織化の支援など，今後の方策の検討に役立てていきたいと考えているところです。また，相模原市を通じて教育委員会との連携を模索するとともに，相模原市障害者差別解消支援協議会でも一連の取り組みを報告し，相模原市障害者自立支援協議会でも対応施策の推進の必要性を訴えています。

3 事例2 Cさんへの関わりから地域猫活動への拡大へ

C さんは 70 歳代の一人暮らしの男性です。自宅で猫を 8 匹飼うほか，野良猫にエサをやったり，家の前を通る車に対して大声で怒鳴るなどの行為から近隣の方々に敬遠されており，民生児童委員からの相談をきっかけに CSW の支援が始まりました。まずは地域包括支援センターの職員と訪問し，話を聞いていくと，家の前を通る車に怒鳴っているのは過去に可愛がっていた猫を車に轢かれた経験によるもので，通行時の減速を訴えていたのだということがわかりました。続いて，隣人 D さんにもお話を伺いました。D さんに限らず近隣の方々は猫の糞尿被害やエサの放置による虫，悪臭の被害に数年来悩まされている一方で，D さんが実施している健康体操の会に C さんが参加していることもわかりました。ここまでのアセスメントで，C さんは猫にエサをやるだけの経済力があり，猫に対する愛着がある，また人との接触を拒絶しているわけではないこと，健康には配慮していることなどが把握できました。

2　コミュニティソーシャルワーカー（CSW）による個別支援から地域支援への取り組み

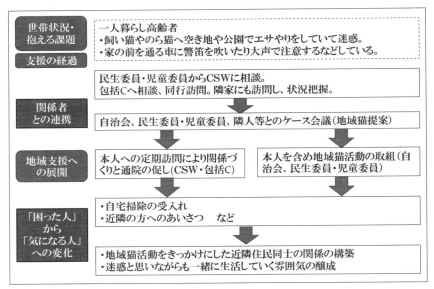

図：Cさん支援のプロセス

　ある時「他にも猫によるトラブルがあるのではないか」と考え，保健所に相談に行き，そこで地域猫活動***というものがあると紹介されました。当該地域は高度経済成長期に開発された住宅地であり，数十年にわたる住民同士のつながりがあるという強みを生かす対応策として有効な方法ではないかと考え，自治会長，民生委員・児童委員，近隣の方などが集まる会議で提案をしました。初めは「なんであの人のためにそんなことをしなければならないのか」という拒否反応がありましたが，少しでも事態を改善するためにと理解を求めたところ自治会の全面的な協力が得られ，Cさんも地域猫活動の中心的ボランティアとして活動に取り組むこととなりました。

　その後，Cさんは自宅の掃除の提案を受け入れ，それに近隣の方が協力したりするうち，通りがかりで挨拶を交わすなど少しずつ表情もやわらかくなってきました。隣人Dさんからも「あの人もかわいそうな人」との言葉もあり，問題はあるけれど地域で一緒に生活するという雰囲気が生まれてきています。

***　地域猫活動…野良猫を増やさない活動として，地域住民によって不妊去勢手術やルールに沿ったエサやり，猫用トイレの設置や管理を行う活動。（相模原市作成資料より）

3 市社協のひきこもり支援と地域アセスメント

総社市社会福祉協議会事務局長 佐野裕二／同事務局次長 中井俊雄

1 各種相談事業の受託実施による相談のデパート化

　総社市は、岡山県の南西部に位置し、人口6万8,000人余、高齢化率は27.6％です。
　本会では、2005年の総社市・清音村・山手村の合併以降、市へ積極的に働きかけ、各種相談支援事業を受託実施してきました。開設順に、「地域活動支援センターⅠ型」（2006年～）、「障がい者基幹相談支援センター」（2009年～）、「障がい者千人雇用センター」（2012年～）、「権利擁護センター」（2013年～）、「生活困窮支援センター」（2014年～生活困窮者自立支援事業）、「60歳からの人生設計所」（2017年～生涯現役促進事業）等を受託実施し、各センターで支援してきた実践から、「低所得」「劣悪環境」「孤立」をはじめとする多様な生活課題の実態が見えてきました。

2 「ひきこもり」ニーズへの気づき

　これらの相談支援事業に取り組む中で、さまざまな生活課題により「ひきこもり状態」となり、支援機関や支援資源につながらないまま自分たちだけで困難を抱え、「ひきこもり」として追い込まれてしまっている人々が多くいる状況が明らかとなってきました。そこで本会では「ひきこもり」が「制度の狭間」で重度化・深刻化していることを究極の地域課題であると捉え、これまでに培ってきたノウハウや地域支援ネットワークを活かして「ひきこもり支援」の仕組みを構築することが必要であると考え、取り組みを始めました。
　なお、この気づきの原点は、2009年から始めた障がい者基幹相談支援センターにおいて、障害者手帳を持つ約3,200人のうち、許可が得られた約1,000人を訪問させていただいたことです。訪問すると、支援学校等を卒業した後、何年も自宅から出られていないといった状態の方が大勢おられ、そのご両親からは、子どもの将来への不安、親亡き後の心配等を聞かせていただきました。しかし、ここで出会った方へは、その後の「障がい者千人雇用センター」開設もあり、障害者手帳があれば、社会参加を支援することができ、相談支援体制が確立していきました。一方で「障害者手帳がなければ、ひきこもっている方の把握すら難しい」という現実への気づきにつながっていきました。

3 ひきこもり支援等検討委員会の設置とニーズ把握

　「ひきこもり支援」として具体的には、①ひきこもり定義の明確化と実態把握、②ひきこもり解決に向けた地域資源の開発、③ひきこもりを支援する人づくり、に取り組むこ

ととしました。なお，この取り組みは，岡山県社会福祉協議会から，2年間「市町村社協活動活性化支援事業」の助成（計600万円）を受けて実施することができました。

　まず，市内におけるひきこもりの実態把握および支援方策等を検討することを目的として，「ひきこもり支援等検討委員会」（以下，「委員会」）を設置しスタートしました。委員には，市民児協をはじめとする地域住民の代表者と関係する専門機関，行政の関係するすべての部・課長，学識経験者など「ひきこもり支援」等に関わってきた市内外のさまざまな方に就任いただきました。ここで協議・検討する内容は，①ひきこもりの定義および主対象に関すること，②ひきこもりの実数および実態把握に関すること，③ひきこもりに関する連携支援体制の構築に関すること，④ひきこもりの居場所づくりに関すること，⑤ひきこもりの就労支援に関すること，⑥その他，ひきこもり支援に必要な事項に関すること，としました。

　そして，委員会には，より専門的に協議・検討するため，5つのワーキンググループ（WG/定義，実数・実態把握，調査者・支援者養成，支援資源，分析・まとめ）を設置しました。

（1）ひきこもりの定義

　まずは，定義WGでは，「ひきこもり」の定義について，「義務教育修了後であって，おおむね6か月間以上，社会から孤立している状態」と定めました。そして，対象者の状態像をイメージしやすくするため，「社会から孤立している状態」について，「仕事や学校に行っていない人。家族以外の人と対面での交流がほとんどない人。コンビニでの買い物や自分の興味・関心のあることでの外出はあっても，普段は自宅にいる人。日中，図書館や公園などで過ごすことはあっても，人と接することを避けている人」など，具体的な例示を明記しました。なお，年齢の上限を設けない点については，地域に暮らすすべての住民を支えるという地域福祉の観点から，支援対象の制限をつくらないことで，社会的排除を生まない仕組みとしました。

（2）ひきこもりの実数・実態把握

　次に，実数・実態把握WGでは，ひきこもりの実態を把握するための調査方法等を検討しました。当初は，市内にどの程度「ひきこもりの人」が存在するのか，その実数と実態に関する調査を行うことを想定していましたが，「まずは，市内にどのくらい，どのような状態で『ひきこもり者』がおられるのか把握することが先決である」と考え，個人を特定しない概況調査として実施することになりました。調査は，2016年1月から約9か月間で，地域の実情を把握している民生児童委員（161人）および福祉委員（573人）を対象とし，概ね地区社協単位（全17地区）で懇談会を開催しました。懇談会では，まず「ひきこもり」について共通認識をもちました。また，情報を整理するため，「情報提供カード」

を作成して情報提供し合った結果，207 名もの「ひきこもりの人」を地域で把握していることがわかりました。

（3）ひきこもり支援者の養成

各地区で実施した懇談会の意見から，支援者の養成が急がれることがわかり，11 月から「ひきこもりサポーター養成講座」（全 5 回）を開催しました。講座は，「ひきこもり」に関する理解を深め，ひきこもりの方やその家族の支え手として居場所づくり等に協力いただけるサポーターの養成を目的として実施しました。養成講座は，民生児童委員や福祉委員だけでなく，大学生，当事者の家族など多様な参加があり，修了後 17 人がサポーターとして登録され，居場所づくり等での活躍を期待して毎月定例ミーティングや研修会を継続的に企画実施しています。

㊙ ひきこもり情報提供カード 地区 字 No（記入不要）

【本人】

年 齢	歳くらい	性 別	男 ・ 女

家族構成

把握のきっかけ

状 況

調査に関する配慮事項
- □ 訪問（本人可・家族可・不可・未確認）
- □ 訪問が可能な者（職員・民生委員・福祉委員・情報提供者・キーパーソン・その他（　　　）　）
- □ 具体的な配慮事項等（　　　　　　　）

※ 以下の個人情報は，本人（または家族）から同意がある場合（＝支援要請がある場合や支援対応中の場合）に記載ください。

氏 名		家族の名前	（続柄　）
住 所		電 話	

【支援者／情報提供者】

民生委員名		福祉委員名	
キーパーソン		情報提供者	

※ この情報は，総社市社会福祉協議会で保管し，「ひきこもり支援」に関する事業にのみ使用します。

---

4 ┃ 市の施策化と「ひきこもり支援センター」設置

このような取り組みを経て「ひきこもり」支援の必要性が認められ，2015 年 12 月に市が策定した「第 2 次総社市総合計画」の基本目標 2「だれもが働きたくなる総社」の重点的な施策として，ひきこもり支援の拠点整備が必要であるとされました。また，市が掲げた「全国屈指の福祉先駆都市」を実現させるために設置した「全国屈指福祉会議」では，2016 年 11 月に「ひきこもり支援」について検討する部会も新たに設置されました。

そして，2017 年 4 月からは社協への委託事業として，「ひきこもり支援センター "ワンタッチ"」が開設され，ひきこもり支援に関する事業が開始されています。「ひきこもり支援センター」は，2 名の専任相談員（社会福祉士・精神保健福祉士および臨床心理士）とセンター長（社会福祉士・精神保健福祉士）の 3 名体制でスタートし，半年間で実 68 件，延 802 件の相談支援を行っています。相談支援事業以外に，「ひきこもりサポーター養成講座」の継続実施と「フォローアップ研修」を実施し，また「居場所」や「家族会」の設置に向けて取り組んでいます。当事者やその家族をはじめ，広く一般市民，地域の関係者等へ「ひきこもり」への理解と，「ひきこもり支援センター」が行う相談支援や社会参加支援等についての周知啓発活動等に取り組んでいます。

4 地域アセスメントにおける地域包括支援センターのかかわり

地域包括支援センター聖テレジア第2管理者（主任ケアマネジャー）**田中聖子**

1 鎌倉市地域福祉活動計画と腰越地域アセスメント

鎌倉市では，地域福祉の推進として市の「地域福祉計画」と市社協の「地域福祉活動計画」を一体のものとして「かまくらささえあい福祉プラン（平成27年度～平成29年度）」（以下，「プラン」という）を策定しました。このプランの中で，各地区社協が主体となって地域アセスメントに取り組むことが盛り込まれました。このプランに基づき，市社協からの声掛けにより，2015（平成27）年秋より腰越地域アセスメントが動き出しました。

2 鎌倉市腰越の地域特性

腰越地域は，鎌倉市の西端に位置し，江ノ島を臨む漁師町であり，昔ながらの隣近所の声かけや繋がりが強く，地元の方が多いため，幼少の頃からご近所同士の付き合いがあり，高齢になってもあだ名で呼び合い，住民相互の助け合いが根づいています。**表1**は，鎌倉市全域と5つの行政区の人口と高齢化率ですが，5つの行政区の中でも腰越行政区が最も高齢化率の高い地域となっています。**表2**の通り腰越行政区内のほとんどの地域が高齢化率30％を超えている状況にあり，今回地域アセスメントの対象となるの腰越1～5丁目は，腰越地区の他地域よりも昔からの住民が多くを占めており，高齢化率約31％に対し，生産年齢人口構成比約58％と，2代3代と家業等を引き継ぎ，多世代で暮らし続けている場合が少なくありません。

表1：鎌倉市地域別人口

	人口	65歳以上人口	高齢化率（%）
鎌倉市	176,466	53,866	30.5
鎌倉地域	48,037	15,829	33.0
腰越地域	25,270	8,631	34.2
深沢地域	34,262	10,612	31.0
大船地域	43,618	11,729	26.9
玉縄地域	25,279	7,065	27.9

表2：腰越地域内の地域別人口

地域名	人口	生産年齢人口		65歳以上人口	
		人数	構成比（%）	人数	構成比（%）
腰越1～5丁目	5,853	3,394	57.9	1,837	31.4
七里ガ浜	2,066	1,254	60.7	618	29.9
七里ガ浜東	4,374	2,335	53.3	1,560	35.6
津 西	3,016	1,757	58.2	858	28.4
津	3,425	1,862	54.3	1,208	35.2
腰越（未表示）	2,512	1,291	51.3	968	38.5
西鎌倉	4,024	2,062	51.2	1,582	39.3
合 計	25,270	13,955	55.2	8,631	34.2

第2部 地域アセスメントの実践と関わり

3 腰越地域アセスメントの活動（委員構成と活動内容）

腰越地域アセスメントを実施しているのは，腰越地域アセスメント推進委員会です。構成メンバーは，腰越地区社会福祉協議会（以下，「地区社協」という），町内会長，民生児童委員と地域包括支援センター（以下，「地域包括」という）が中心となり，事務局的な機能を市社協および市職員が担っています。

専門組織である地区社協は，「誰もが安心して暮らせる地域づくり」を目標に地域に根差した活動を行う鎌倉市内では2番目に設立された，約50年の歴史をもつ地区社協です（1956（昭和31）年6月設立）。また，地域包括支援センター聖テレジアは，腰越地区にあり，鎌倉リハビリテーション聖テレジア病院に所属しています。

(1) マッピング作業

2015（平成27）年度には，地域の現状把握として，各町内会で80歳以上高齢者（とくに独居高齢者）がどこにどのくらいいるのかを地図上に落とし込むマッピング作業を行いました。町内会長および民生児童委員がそれぞれ把握している高齢者情報を男女別に色分けしながら落とし込んでいくと，地域包括が把握しきれていない情報が現れ，改めて地域の方々の情報の細かさを発見しました。

(2) 地域アセスメントワークショップの開催

このマップを用い，地域包括がある鎌倉リハビリテーション病院聖テレジア病院の会議室で，推進委員会の皆さんと地域アセスメントについてのワークショップを行いました。

5つの町内会を2つのグループに分け，テーブルに大きな地図を広げ，地域包括の職員がファシリテーターとなり，地域の強みや弱みについて話し合いました。Aグループは KJ 法を用い，地域の強みと弱みを色分けし，付箋に意見を記入し分類分けを

書記をしながらファシリ役を行う地域包括職員

話し合いながら付箋に書込み作業を行う

4 地域アセスメントにおける地域包括支援センターのかかわり

行いました。Bグループは，フリートークをしながらポイントとなる言葉を拾いボードに書込み課題整理を行いました。

話し合いが活発になってくると，いつの間にか，立ち上がり地図に何かを書き込んだり，町内会長がファシリテーター役を担うという積極性も見られました。

この作業から出された強みや弱みを集計し，弱みを強みに変えていくにはどうすればよいか，という話し合いに展開していきました。しかし，机上の空論では具体的な町の様子が一致しないため，地域踏査を計画しました。

(3) 地域踏査

地域踏査は対象エリアを3つのグループに分け，①町の危険箇所・消火器の場所，②散歩時の休憩場所，③空き家の現状等，と大きく3つのポイントについての現状確認を行いながら約1時間程度地図を片手に歩きました。各グループに地域包括の職員が1名ずつ入り，ポイントの写真撮影と地図上のポイントの確認や意見交換をしながら，委員の皆さんとともに楽しく地域踏査を行いました。その内容の様子が，以下の写真とコメントです。

・狭い道路のため，すれ違いが難しい。
・踏切左側にある腰越駅（江ノ電）のホームが短いため，はみ出て踏切が閉まりっぱなし。

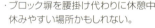
・あるお店の前のお宅の駐車場。
・ブロック塀を腰掛け代わりに休憩中。休みやすい場所かもしれない。

・川沿いは不法駐車が多く，地域の人は困っている。
・放置自転車をなくして散歩中の人が休めるベンチが設置できる‼

・民家のスペースだが家の人が手作りで設置したベンチ。作成されてから時間が経っているので直す必要があるけど，休む場所としては良い。(新しいベンチを)

・電柱の支柱が邪魔で使用しにくい消火器。消防署へ連絡し対応依頼の必要性あり。

・町内会の道の真ん中にあり，地域の方々が大切にしている数々の道祖神。

地域アセスメントの実践と関わり 第2部

・タイルの塗り固められた部分はデコボコが少なくて，車いすでも通りやすいし歩きやすい。今後は当初から歩きやすい道が多くなると良い。ベンチが有ると散歩の時に休憩が出来て良い。(歩く人が多いので)

・小さな公園のようになっており，ベンチも3つあるので休むにはちょうど良い。
・井戸は地域の方が個人で防災や生活で使えるように水質検査をしてくれている。
・しかし草木が伸びているので市の方で手入れをして保全をしてほしい。

　今回のような目線で改めて日々訪問をしている町並みを歩いてみると，新たな気づきがまだまだあります。
　地域包括にとっては発見ですが，この町で生まれ育ち生活している高齢者の皆さんにとっては，当たり前のことであったりします。このように，まだまだ私たちが知らないことが多くあるのです。地域の社会資源や地理的状況，歴史，人との繋がり等，地域の皆さんからさまざまな情報を得ながら地域づくりを推進していくことが，本当に必要なニーズに基づいた地域づくりにつながるのではないかと感じました。この地域踏査を行い，集計した資料がひとつの成果物として完成しました(図)。

(4) 介護保険サービス事業所へのアンケート調査と情報交換会の実施

　2016(平成28)年の秋には，腰越地区内の介護保険サービス事業所を対象に，「地域福祉アンケート」を実施しました。腰越1〜5丁目に住む高齢者が，腰越地区内のサービス事業所をどのくらい利用しているかの利用状況や，サービス事業所として地域の方々への希望や活動上の困り事について調査しました。そのアンケート集計結果に基づき，同年冬，推進委員会とサービス事業者との情報交換会を行いました。参加者は総勢60名近くで，2つのグループに分かれ，地域包括職員が司会進行と書記を担い活発な話し合いが行われました。地域の方々とサービス事業者が顔を合わせ同じ目的で話し合うという機会がこれまでなかったため，お互いの立場や役割，活動の実態を把握できたことは今回の大きな収穫であったと感じています。

(5) その後の展開

　地域踏査およびアンケート調査，サービス事業所との情報交換会等を経て見えてきた地

4 地域アセスメントにおける地域包括支援センターのかかわり

図：腰越地区　地域アセスメント　地域踏査
（出典：腰越地区　地域アセスメント　地域踏査実施記録資料より抜粋）

域の課題は，私たちが日頃業務の中で感じている課題とは異なるものでした。私たちが感じている課題のほとんどは，高齢者の福祉的な課題に主眼を置いていますが，地域で生活している中での課題は福祉的な課題だけに留まらないものでした。たとえば，散歩中に休める場所があるといいよね，サービス事業者の路上駐車って何とかならないのか，スクールゾーンのひび割れたブロック塀は危険だよね，川沿いの放置自転車の取り締まりを何とかしてもらいたい…等，多種多様な課題が見えてきたのです。

　現在，推進委員会では，散歩中に休めるベンチの設置や，サービス事業者の路上駐車防止に向けた，日中使用していない駐車スペースを事業者へ短時間貸し出す等の案が出され，検討をしている段階です。

4 ｜ 地域包括支援センターが地域に関わる意義

　2017年，地域包括支援センター聖テレジアは開所より10年目を迎えました。設立当初から地域との関わりを試行錯誤しながら進めてきました。地域でのさまざまな活動で積み重ねてきた繋がりが，今回の地域アセスメントで生かされ，地域と行政および市社協を繋ぐ重要な役割を担うことができたのではと自負しています。日頃からよろず相談窓口としてさまざまな相談に，地域の自治町内会，民生児童委員の皆さんと連携を図りながら対応してきました。個別支援や地域ケア個別会議のみならず，地域行事等にも積極的に参加協力し，地域との顔の見える関係づくりと信頼関係を築いてきました。人と人との繋がりは貴重な財産です。地域アセスメントを行ったことにより，点として把握してきた地域のニーズが線となり，また面となり，集合的ニーズとして把握することができました。それを地域の皆さんと共有できたことは，私たちにとっても地域のネットワーク構築に向けた大きな具体的取り組みとなりました。今後も，お互いにもっている力を出し合いながら地域づくりに取り組んでいきたいと考えています。

5 市社協からみた地区社協活動計画づくりと地域アセスメント

静岡市社会福祉協議会地域福祉部参与兼清水区地域福祉推進センター長　川島徹也

1 地区社協活動計画策定の背景

　静岡市社会福祉協議会清水区地域福祉推進センターにおける地区社協活動計画（小地域福祉活動計画）策定は，1990年にまで遡ることになります。当時の清水市（2003年に合併：現在は静岡市）社協が21世紀の社会が高齢化社会を迎え，第1次清水市地域福祉活動計画を県内で初めて策定し（1993年3月），計画的な地域福祉活動を推進することになったのが発端です。

　この地域福祉活動計画策定にあたり，清水市内の全19地区社協において地区福祉懇談会を実施しました。懇談会は，地域住民の声をあまねく受けとめるとともに，計画策定に必要な地域福祉活動のプロセスとして位置づけられていました。その結果，19地区の地域の生活状況や環境はそれぞれ異なることが明らかになりました。そのため，地域福祉活動計画の中に，19地区社協が抱える課題を地域の実情に沿って解決するために「地区社協発展計画」の策定支援を位置づけました。そして，その後の市社協が策定する活動計画のいずれにも「地区社協活動計画」策定支援が盛り込まれ，自治会や民生児童委員，地区社協の役員をはじめとして，地域の皆さんにその必要性を説明してきました。

2 地区社協活動計画策定の経過

　清水市ではもともと地縁組織の繋がりが強く，自治会加入率も80％を超え住民の主体的な活動を基盤とした地域づくりが進められてきました。そのようなこともあり，上記の第1次地域福祉活動計画は「住民主体の福祉のまちづくり」というタイトルで発行されました。しかしながら実際は，この計画の期間中に地区社協活動計画に着手するまでの地区支援はできませんでした。これには，市社協職員の直接的・間接的な支援の中で，地域実態の把握をすることができなかったという反省点があります。当時の市社協自体の組織体制が脆弱であったという面もありましたが，まずは地区社協の体制整備を主眼として，会議や研修の充実，広報・啓発活動の支援を優先したことで，「地区」全体としての発展計画まで結びつけることができなかったためです。

3 住民感覚の大切さ

　しかしながら，第2次地域福祉活動計画（1998年3月策定）期中の2002年に，市内でも街中に位置する「辻地区」が，地区社協活動計画の策定に着手することになりました。

これは，地域の役員の方々がふとした機会に「地域住民には地縁組織の活動がどのように映っているのだろう」「どんな活動を望んでいるんだろう」と感じたことがきっかけでした。ここには，自治会や地区社協活動が，激しく変化する社会情勢に即しているかどうかを確認する意味合いも含まれていました。当時の辻地区は，①高齢化率は24％を超え，超高齢社会になっていたこと，②小学校児童数が10年間で40％減少していること，③自治会行事への参加状況を見ても近所づきあいの希薄化が感じられることなど，地縁力によって支えられてきた地域の弱体化が進むと同時に福祉課題が急速に深刻さを増しつつありました。

4 | 全員参画・組織化

辻地区社協活動計画策定のとりかかりとして，地域住民に対してアンケート調査を実施することとなり，地域の福祉課題を「知る」（調査）こととあわせて，「知らせること」（広報・啓発）にも着目しながら進めていきました。

アンケート調査は，地域の小学3年生以上の住民を対象に実施しました。回収率が93.3％となり，住民の意識が高いこともあって，「全員参画」を合言葉にした計画づくりの考え方が広まっていくこととなりました。

旧清水市は，1984年に地区社協を全市に一斉に設置し，住民主体のまちづくりを進めてきました。その時の組織運営の要として「企画委員会」を設けるよう促しました。これは，理事会などの役員会以外に定期的に会合をもちながら，地域の課題を話し合い，また地域住民の意見を取り入れることのできるよう事業運営のかじ取りを行う機関として位置づけられたものでした。しかしながら，時が経過し種々の事業を行う中で，企画委員会の当初の意義が薄れ，前年踏襲事業の企画・報告の場になっていたのは否めませんでした。

こうした背景からも，辻地区社協活動計画策定にあたっては，策定委員会，作業委員会とあわせて計画策定のポイントとなる「夢づくり100人委員会」を設置しました。従来であれば，企画委員会の中で進めてきたことを，新しい担い手の確保や，自由な意見を取り入れることを念頭に地域組織の役職にとらわれずに「夢づくり100人委員会」を発足させ，あわせて「夢づくり100人委員会：子どもグループ」も編成し大きな力となりました。

5 コミュニティワーカーとしての積極的な策定支援

　市社協としては，策定委員会や作業委員会，夢づくり100人委員会の場すべてに出席し，必要な情報提供と地域福祉を進めるための福祉教育を行い，そして何より現状を把握して「話し合う場」を多く設けることにより，共感，同意を繰り返しながら前向きな議論に発展するようサポートしてきました。当初は生活課題別（児童・青壮年・高齢者・女性・障害）に別れて協議を重ねましたが，具体案の検討段階において施策別（調査・広報啓発・在宅支援・ふれあい交流）に分けてみたりするなど，展開に応じて組織運営を変えてきたことも工夫したことのひとつとして挙げられます。他地区との比較や全国的な先進事例の提供もワーカーとしての大きな役割のひとつとしてありました。ただし，土壌をよくアセスメントしないところで他の事例をそのまま「移植」しても育たないことは，当時策定のお手伝いをいただいた大学の先生からも指摘されており，「辻地区」の土壌を住民とともに調査し，分析することを大切にしてきました。

6 全市的な取り組みへの試み

　「辻地区」に触発される形で，他の地区でも活動計画策定への機運が高まりました。市社協としても，良い形でモデルケースができたので，その流れを地区社協の役員研修の場で活かし，地区社協活動計画の策定がどれだけ地域福祉の向上に大きな効果があるのかを伝えてきました。現在では同じ清水区内の「駒越地区」が活動計画を策定し，「ボランティアセンターこまごえ」として地域住民同士の支えあい活動の拠点として機能しており，地域に見合った活動を展開しています。残念ながらまだ全地区での地区社協活動計画策定には至っていませんが，地域アセスメントシートの活用など，市社協としてその下地はできているものと考えています。

　今日では行政福祉施策においても地域福祉が重視されるようになってきており，地域の社会資源を活用した取り組みが必要不可欠であるという認識も広がっています。今後ますます地区社協活動計画の必要性も高まると考えています。関係機関との役割分担を踏まえて，担い手が変わることへの対応（人），ニーズが変わることへの対応（課題），社会が変わることへの対応（環境）を地区社協活動計画によって住民自身の手で行っていく。これは，まちづくりをすすめていく重要な作業であり，意義あるものと感じています。

6 地域アセスメント情報の共有と活用

横浜市中区社会福祉協議会主事　井出村一朗

1 横浜市中区の概要

　横浜市中区は，神奈川県庁・横浜市役所など庁舎や会社が立ち並ぶオフィス街，山下公園や中華街などの観光地，関内・伊勢佐木町をはじめとする県下最大の繁華街，歴史ある住宅街や新興住宅地などさまざまな地域特性をもちます。区の人口は約14万9千人。主な特徴として，①市内18区のうち最も外国籍市民の比率が高い（中区約10％，市内平均約2％），②自治会町内会への加入率が市内平均を下回っている（中区約65％，市内平均約76％），③昼間人口と夜間人口の差が大きい等が挙げられます（数値はすべて2017年7月末現在）。

2 地域支援とアセスメント

　横浜市社会福祉協議会と市内18区社協は，地域支援の手法として2008年ごろに「地域アセスメントシート」と「地区支援記録」，さらに「地域支援計画書」を作成しました。これらの書式を導入することで，地域支援を通じて把握した情報やキーパーソンとのやりとりなどを「見える化」して組織内で共有するとともに，それらの情報を踏まえて地域支援の計画を立てて進捗管理するというサイクルづくりを進めました。

（1）地域アセスメントシートの内容

　地域アセスメントシートは主に次の項目を集約して，地域支援のための基本データを共有するシートです。

　【主な内容】①地理・歴史，②地域特性（地域の強み，課題，コミュニティの状況など），③基礎情報（人口・世帯数・高齢化率などの情報），④地域組織団体状況（自治会・町内会，民生児童委員，地区社協等），⑤ボランティア・地域活動団体の状況（活動内容・キーパーソン等），⑥公共施設・福祉・保健・医療機関等，⑦事業紹介（地域ケアプラザ・区役所・区社協等），⑧支援機関が把握している地域課題，⑨まとめた情報からの課題分析，⑩主な担当者以外から見た気づきなど，⑪その他，支援に必要な情報。

　なお，地域アセスメントシートは行政（中区役所）や地域ケアプラザ＊（地域包括支援センター）と互いに修正・追記して中区社協が管理しています。

＊　地域ケアプラザは，地域包括支援センターと地域活動交流部門（一部，通所介護等の保健福祉サービス部門あり）を併設する横浜市独自の施設。2014年現在市内に132ヵ所。

6 地域アセスメント情報の共有と活用

地域アセスメントシート

地域アセスメントシート			H29年4月1日現在
地区名	○○○地区	エリア	○○町, ○○町, ○○町, 他7町内

地理
＊＊山丘陵の裾野と, ＊＊川に沿った地域で, 川の上流は＞＞で有名な △△寺から, 下流は□□□駅までの細長い地区。古くからの商店街があり・・・・・・・・・・・・・・・・・・・・・・・・・・・近年, ・・・・ 町は, 住民の意見を聞きながらモダンな街づくりを目指して再開発が進んでいる。

歴史
○○周辺:明治時代, 現在の □□□駅まで浜辺が迫っており, 鉄道用地をつくるために鉄道用地をつくるため◇◇浦が埋め立てられて・・・・・・・・・・・・・・・・・・関東大震災後, 土地の区画整理がされ現在の町ができ, 大戦後の闇市でにぎわうまちとなった・・・・・・・・・・・・・・・・・・・
○○町付近:明治時代・・・・・・・・・・・・・・・を結ぶ船運業を活用した活気のあるまちであった。・・・・・・・通りは相当の賑わいがあったようである。一方で＜＜＜町から○○小学校にかけては市高級住宅地として名をはせていた。

地域特性
・持ち家率が高いのは, ○○町, ○○町, ○○町が約半数と横浜市の25%を大きく上回る。が, 高齢化率が高い＊＊＊町は, 人口移動が少なく, 高齢者への支援が必要と思われる。一方で6歳未満の子どもがいる世帯は, 全町会とも平均より率は低い。平均的な数値に近いのは, □□町は9%でここを中心として, 子ども世帯への支援の検討が必要。
・小学校校区は, ＋＋＋町駅近くで, ○○小と△△小とに分かれる。

基礎情報

人口	8,439	世帯数	5,565	世帯平均人数	1.43	高齢化率	15.1
年少人口(0～5歳)		学齢人口(6～18歳)		稼働人口(20～65歳)		高齢人口(65歳以上)	1,453
出生数		死亡数		転入数		転出数	
一人暮高齢者人口	711	高齢者のみ世帯	230	高齢者の居る世帯	1,286	要介護認定者数	285
身体障害者数		知的障害者数		精神障害者数		自治会加入率	

地域組織・団体

種別	状況(構成人数, 加入率・状況, 活動内容, 歴史, キーパーソン, 他組織との関係性等)
地区社協	現在は35名の役員の所属する団体で・・・・・・・・・・・・・・・。高齢者の食事会を地区の中心地である・・・・・・・・・・・・・・・開催している。毎回, 地元の小学校3年生全員を招いて交流会を実施している(4月は全学年)。民生委員のほか, 地区内の町内会・自治会長, 体育指導委員, 青少年指導員も参加している。・・・・・・・・・・・・・・・・・・・・・・・・・・・。ただ東部が中心となっており, ○○○町駅周辺へのアプローチは今後の課題と思われる。
自治会・町内会	連合町内会長が地域での信頼が厚く・・・・・・・・・。自治会活動, 地区社協活動などまとまって活動ができていた。自治会未加入者も増加傾向にある。
地区民児協	古い地域であり, 昔ながらの住人が地域との関係で民生委員を務めている人も多い。ただマンションに住む人も多く地元の人でない方も・・・・・・・・・・・・・・・・・・・・・

(2) 地域支援記録

　職員が地域支援や地域住民との関わりなどを日々記録しています。時に事業内容(出来事)だけでなく, 住民との何気ない会話の中で見えてくる生活の困りごとや地域組織の協力関係など, 地域との関わりの時間経過を記録していきます。このシートは中区社協の共有データに保有されており, 管理職が日々確認するだけではなく, すべての職員が情報を共有できるようになっています。

　この記録票の主な内容は次の通りです。①日時, 記入者名, 地区名, 参加対応職員名, ②会議・事業名, 場所, 主な地域役員や住民名, ③結果・経過(どのようなことが行われた

地域支援記録

NO.	年	月	日	記入者	地区	参加・対応職員	会議・事業名	場所	会議・事業参加者 調整相手	結果・経過（報告書等が別にある場合は，★印）	報告書等	所感，展望
41	28	10	21	井出村	○○地区	井出村	桜まつり実行委員会	サイトD	30名程度参加。	4月に行われる桜まつりのスケジュール等今後の進め方について説明あり。また後半は桜まつりのあり方について検討するため，第1回からの開催の経緯についての学習会となる。	★	○○町内会長　○○さんに挨拶。○○さんは，義理の息子が○○職員であることがわかる。○○さん，○○さん隣りに座るなど日頃からつながりがある様子。
42	28	10	27	井出村	○○地区	井出村	ポムポムの仲間たち（居場所事業）	ステップ・ワン	スタッフメンバー10人程度。	15時位まで1時間位参加。月一回の環境浄化推進協議会　パトロール実施。ステップ・ワンに参加している，「□□□」(障害者作業所)メンバー2名参加。そのパトロールの中に，○○地区の会長参加。○○町，○○町内会長も参加していた。		○○会長を通じて，□□□エリアと△△エリアとの接点が見いだせないものか。
43	28	10	26	井出村	○○地区	局長，井出村	計画支援チーム会議	○○CP	区6名。(エリア担当課長, 生活支援課○○さんのみ), CP4名。	ポムポムの仲間たち（居場所事業）実施について報告。○○課長からは○○町エリアは○○地区エリアとは違いがあることの指摘あり。次期民生委員について調整がついていないことが，○○さんから情報あり。		
44	28	10	30	井出村	○○地区	井出村	大運動会	○○小	300人程度の参加。	初頭の挨拶、○○・スポーツ推進会長。連長，区長，議員挨拶の順。進行は青年部である。準備もほとんどがこの青年部を中心に行われていた。協議は町内会単位での協議が主。	★	区役所からは，区長，課長他，2職員が参加。地域組織関係者とのつながりをつくるためには，顔出し程度はした方が良いかと感じた。

かなど），④職員の所感や展望など。

（3）地域支援計画書

　中区社協では地区支援担当制を実施し，区内13地区を8名の職員で担当しています。その担当職員ごとに，地域アセスメントシートや地区支援記録などから見えてきた課題や地域の特徴（強みや課題），さらに地域福祉保健計画を踏まえ，年度単位（または長期的なスパン）で地域支援方針の計画を作ります。

3 ｜ 課題に応じた地域アセスメント

　先の3つの地区支援ツールを活かすためには，地域ケアプラザ職員や地域住民に，生活の様子を聞き取っていくことが必要です。たとえば区社協職員が，あるA自治会の高齢者を支えるためのケア会議に参加した時に，地域ケアプラザ職員からこんな話を聞きました。「足が不自由な人は，遠くのスーパーに行けないので，近くのコンビニに行くしかない」と。そこで気になった区社協職員は，A自治会の人たちが食料品を買う場所を聞き取り，「買い物先マップ」としてまとめました。これを区社協以外の地域ケアプラザ職員とも共有しており，今後は地域住民にも示しながら新たな取り組みにつなげていく予定です。

　このように地域アセスメントの視点は，地区全体を大きく捉えるだけでなく，テーマを

6 地域アセスメント情報の共有と活用

絞って（または仮説を立てて）調査し，まとめていくことも必要です。しかし地区の担当になったばかりの時には，地域の様子もわからず，どこから地域支援をすればよいのか迷うこともあります。その時には，地域を実際に歩き，地域の様子を感じてみるのも有効な地域アセスメントの手法です。たとえば「まち歩きマップ」など，まちの様子をビジュアル化することで地域の理解は一層深まります。

買い物マップ
（ある地域の買い物について考える。
　〜コンビニの活用について〜）

まち歩きマップ

4 地域アセスメントの共有について

前述のとおり各職員の地域支援の状況は地区支援記録により共有されていますが，それとは別に，毎月，常勤職員全員で地区支援の状況を確認する「地域アセスメント会議」を地区ごとに開催しています。地域アセスメントシート，地域支援記録ほか，さまざまなアセスメントツール（前述の「買い物マップ」や「まち歩きマップ」など）で，地域状況や地域支援進捗の共有，また地域支援の方向性を共有しています。管理職は，スーパーバイザーとしての役割を担っています。

7 高齢・過疎地域における地域アセスメントと移動販売事業

江田島市社会福祉協議会会長　堂野﨑 平

1 江田島市の概要

　広島県江田島市は，広島市の南西7.5km，瀬戸内海に浮かぶ島であり，呉市とは音戸大橋，早瀬大橋により結ばれています。人口は約2万4,000人，高齢化率は43.4％（2017年7月現在），60歳以上では50％を超えており，二人に一人は高齢者の町です。高齢者の一人暮らし，高齢者のみの世帯も多く，広島県内でも高齢化・過疎化が最も進んでいる地域のひとつです。

2 買い物支援策の検討

　江田島市では，2012年度から厚労省のモデル事業である安心生活創造事業を実施しています。江田島市社会福祉協議会（以下，社協）では，この事業を活用して，地域の困りごとは何かを洗い出すため75歳以上の一人暮らし世帯，世帯構成員が75歳以上のみの世帯等を対象に，各地域の民生児童委員の協力を仰ぎアンケート調査を実施しました。調査内容は，①健康について，②外出について，③家族や地域との交流について，④必要なサービスについて，⑤災害時の避難についてです。最も関心が高かったのは，交通支援（買い物・通院・送迎）でした。本市はもともと公共交通が極端に少なく，ほとんどの住民は自家用車を所有しているものの，高齢になり運転が困難となれば，買い物，通院等ライフラインに支障をきたすことになります。通院は，往診などの手段はあるので，今回社協では，買い物支援を取り上げて検討することとしました。

　まず，行政，商工会等との連携を考えました。行政は，議会等で買い物弱者対策の質疑があったものの具体的な対策を取れずにいました。商工会は，地元商店が相次ぎ廃業し危機感をもっていましたが，どのような対応ができるか苦慮していました。そのようなこともあり，両者に声をかけると全面的に協力するとのことでした。あわせて，地域ニーズのよりきめ細かな把握および社会資源の把握のために，地区社協や自治会などの地域支援組織と連携することが重要であると考えました。そのため，実施したアンケート結果を材料として，小学校区ごとに地域の福祉推進をする「地域テーブル会議」を設立することにしました。

3 秋月（あきづき）地区における買い物ニーズの把握

　そうしたなか，まずは，地域に商店がなく買い物に困っている地域である秋月（あきづき）地区（人

口約450人)において「地域テーブル会議」を設立することができ，この地区をモデル地区として推進することとなりました。買い物支援の方法としては，宅配，大型店などへの送迎，移動販売などがありますが，住民からは，「商品を見て選ぶことができれば」との声が最も多く，移動販売が可能かどうかを検討することとなりました。

地域テーブル会議の様子

商工会の会員の中で移動販売が可能かあたってみましたが，「実施したいが採算性が悪く成り立ち難い」とのことで，どの商店も手を挙げませんでした。そこで，社協が事業主体となって行政や商工会の支援を受けて実施することとなりました。市が所有する古い保冷車を譲り受け，販売は商工会の仕出し業者に委託することとして，とりあえず始めてみることとしました。開始するまで，社協の地域福祉課ソーシャルワーカーが，販売日時，販売品目，販売場所，地域への周知方法などについて「地域テーブル会議」を二週間に一度のペースで開催してニーズ把握に努めました。この地域アセスメントの仕組みがその後の展開に大いに役立つことになりました。

4 「地域テーブル会議」を通じた移動販売事業の拡充

最初に，地域組織・住民を集めた「地域テーブル会議」を開催し，地域課題を把握するため，地区マッピングを行いました。地域課題の中から，買い物弱者の多さや買い物ニーズが出てきたこともあり，定期的に協議を重ね，販売場所・時間の設定，販売品目の希望などの聞き取り，周知方法（地域内限定の有線放送）などを協議し，半年ほどした2015年2月初旬，なんとか移動販売の開始にこぎつけました。事業開始後も，毎月この会議を開催し，支援組織や利用者からニーズを聞き取りました。「牛乳・刺身・肉等の生ものが欲しい」「販

移動販売の様子

売ルートを変更して欲しい」「販売場所を増やして欲しい」……などの要望が寄せられました。刺身などの生ものの販売には，保健衛生，車両に手洗いや冷凍庫の設備が必要です。そこで，その要望に応えるため，行政や共同募金の協力を得て移動販売専用の車両を購入することとしました。共同募金は当初，「商業用の車両に対する助成になり全国的にも例がない」と慎重な姿勢でしたが，「買い物弱者対策事業」との理解をしていただき，専用車両を準備することができました。また，この会議の中で，「利用者が購入商品を袋詰めするのが大変だから女性会や自治会の皆さんが運営ボランティアとして順番で立ち合おう」と毎回交代でお手伝いしていただけることにもなりました。この他，最近では，利用者の要望により宅配なども手掛けるようになりました。当初，この事業に消極的であった地域でも，地域の高齢者の方からの要望で「自分達の地域でもぜひ始めて欲しい」と依頼

移動販売開始時のチラシ

があり，実施地域が増えてきたため，2017年に2台目の車両を新たに配備しました。

　この事業を開始して2年半が経過しましたが，買い物に困っている人には「現物を見て買い物ができる」と喜ばれているとともに，販売場所でお互いが顔を合わせることで繋がりづくりやゆるやかな見守りにも役立っています。また，このおかげで運転に不安のあった高齢者が免許証を返上できたケースもあります。しかし，天候などにより生ものなどの商品が売れ残った場合のロスを解消できず赤字となることがあり，事業継続の資金確保が課題となっています。

　この事業を通して，最も重要なことは，利用者のために，いかに魅力的な商品を買いやすく提供できるかということではないかと思います。そのためには，①事業主体としての社協が，行政や商工会や関係機関と連携すること，②地区社協・町づくり協議会，地区の自治会，民生児童委員，女性会などの支援組織との連携，③利用者ニーズをしっかり把握するためのきめ細かな地域アセスメント，が必要と考えています。この考え方は，商売でも福祉でも同じで，「何が必要とされているか」をしっかりとアセスメント・調査し，タイムリーな事業展開をしながら再アセスメントにより向上できるよう，その都度工夫を加えていくことが大切であると思います。

　最後になりますが，移動販売のような商売を社協が手掛けることには賛否両論があります。しかし，地域の中で必要とされていること，地域のためになることで他に事業主体がない場合には，社協で可能であれば，直接の福祉事業でなくても積極的に挑戦していく姿勢も必要ではないかと考えています。そのようなこともあり，現在は，無料職業紹介所の開設，出会い支援の事業にも取り組んでおり，今後も地域のニーズを受けとめながら多様な事業に挑戦していきたいと考えています。

8 小さな町のきめこまかい地域アセスメント

第**2**部

内灘町社会福祉協議会福祉活動専門員 **藤田 徹**

1 内灘町の概要

石川県河北郡内灘町は金沢市の西部，西に日本海，東に河北潟を擁する南北約9km，東西約3kmの金沢市のベッドタウンです。もともと町域の大半は，戦後の内灘闘争でも有名な砂丘地であったものが，1960年代中頃から宅地開発が急速に進み，現在も宅地が広がっています。人口は約2万7,000人で高齢化率25.1％（2015年）と全国平均よりも若干若い町ですが，開発された住宅団地ごとに一気に高齢化が進んでいる状況であり，昔ながらの地区や早くに開発された地区ではすでに高齢化率が30％を超えています。近い将来には全国平均値を追い越すと予想されています。

戦前から北陸鉄道浅野川線が内灘町まで通じ，交通の便が良かったこともあり，1960年のアカシア町会以降，住宅団地が開発されてきましたが，1972年に金沢医科大学が町の中心部にできたこともあり，開発と人口流入に拍車がかかりました。金沢市で働く30〜40歳代の子育て世帯が住宅団地の分譲ごとに入居してきました。地区によっては，当時，新設・増設されたものの現在は70名しか児童がいない小学校もあれば，平成30年4月，小学校が新設される地区もあります。このように小さな町ではありますが，交通の便や世代の違いなどによって地区ごとに住民のニーズも多様であり，それらに沿った活動が求められているところです。

2 地域福祉計画・地域福祉活動計画策定における地域アセスメント

内灘町は，17ある町会・区会単位ごとに公民館が設置され，常駐の主事が配置されている全国的にも珍しい町です。生涯教育だけでなく，他の行政施策も17の町会・区会を基本に進められており，町社協も小地域福祉活動の推進や支援にあたっては，この17地区ごとに進めてきています。こうしたなか，2011年度からの第2次地域福祉活動計画策定にあたり，住民ニーズを把握するために，全世帯を対象としたアンケートを実施するとともに，17地区ごとに座談会を開催し地域ごとのニーズの特徴の把握に努めました。この座談会は，2012年1月から4月にかけて各地区の公民館で実施し，各地区10人〜40人，合計319人の住民の参加を得て地域の生活課題について話し合いました。地区座談会では669件の課題・意見・要望が出されましたが，それらを分類整理してみると，交通や地域コミュニケーションなど生活全般に関することが222件，地域活動に関することが119件，医療・福祉に関することが185件，地域環境に関することが249件，防災・防犯に関することが38件でした。

65

座談会の開催時期が冬期であり，当日も大雪となった地区もあったことなどから，除雪に関する困りごとが92件と多く出てきました。買物・通院・通学など交通に関する意見は，町北部に位置し内灘駅からも町役場からも遠い宮坂・室・湖西地区に多く見られるなど，地域の特徴が見られました。町南部の内灘駅からも近いアカシア，緑台，鶴ケ丘地区など早くに開発された古い地区では，すでに子ども世代が独立して出ていき，近年親世代も入院したり亡くなるなどして空き家が目立ち始めています。空き家になると庭木の剪定や雑草管理もできなくなり，深刻なご近所問題に発展しています。一方，新たに開発された白帆台やハマナス地区では，子どもの安全や防犯が共通の関心事として挙がってきています。同様に新しい地区といっても白帆台とハマナス地区では交通の便が違っており，白帆台地区では「子どもの通学のための送迎を家族がしている」といった交通ニーズが多く出てきました。

座談会の進め方は，KJ法を使って課題や不安，地域で気にかかっている事例などを出し合い，そのうえで，それらの課題に対して，地域の中で解決に向けて取り組めることを出し合い協議を進めました。その中で，独居高齢者などが日常のちょっとした不便をご近所さんに頼めておらず，また一方で，それに気づけていないご近所関係になってしまっていること，つまり「SOSを発信しにくく受信しにくいコミュニティ」になっていることに，改めて住民の皆さんが気づき，町会・区会組織や活動のあり方や地域の人間関係について活発に意見交換が行われました。

3 | 把握した地域ニーズの地域福祉計画・地域福祉活動計画への反映

住民アンケートで把握された個別ニーズや，地区座談会で出てきた地域ニーズを踏まえ，行政職員や地域団体代表なども含めた拡大計画策定委員会を数回開催し，ワークショップ形式で「自助」「共助」「公助」による解決方法を探りました。その結果が内灘町地域福祉計画・地域福祉活動計画の骨子になりました。計画では，地域の中で継続して地域の困りごとや解決策を話し合える場として17町会区会単位での「福祉委員会」の設置を進めることを取り組みのひとつに据えました。この地区福祉委員会が，将来的には地域の中で相互に助け合い機能を発揮できる組織（地区社協）につなげたいと考えています。鶴ケ丘東町会の福祉委員会（鶴東安全ネット）では，夜間の子どもの見守り活動を立ち上げたり，鶴ケ丘5丁目町会福祉委員会では，定期的に集まり，生活の困りごと等の情報交換や勉強会を開催しています。また，千鳥台地区では，一人暮らし高齢者の皆さんが自由に集まれる場として空き家を活用した居場所づくりに取り組んだり，大学町会・旭ヶ丘町

会・アカシア町会では，定期的に開催されているふれあいいきいきサロンの他に，気軽に集まり自由に話せる喫茶を定期的にオープンしています。鶴ケ丘4丁目町会ではシニアクラブが中心に「気になる人の見守りマップ」を作成し，ご近所同士のつながりづくりに活用している等，住民自ら主体的に活動の幅を広げています。

　このような小地域福祉活動を通して，従来の団体事務が主な仕事だった町社協の仕事も，個別支援を通して地域の人や組織をつなげたり，地域のリーダー育成の仕事へと大きく転換し始めています。さまざまなニーズがさまざまなルートから町社協に舞い込んでくるようになりましたし，ニーズ解決のために地域にボールを投げると住民からも大きな反響があり，積極的に協力してくれるようになりました。現在では，"小さなご近所問題（地域課題）は小さいうちに!!"を合言葉に，民生児童委員や地域住民も参加した地域におけるニーズキャッチシステムとニーズ解決システムが噛み合い稼働するようになりつつあります。

表：町内地区ごとの概要

地　区	人　口	世帯数	高齢化率 (%)	開発年
向粟崎	3,278	1,306	25.4	―
アカシア	889	381	32.2	1960
旭ヶ丘	785	322	29.8	1972
緑　台	1,619	686	34.3	1972
千鳥台	2,959	1,087	16.1	1972
向陽台	1,488	607	28.6	1974
鶴ケ丘東	2,918	1,180	27.8	1967
鶴ケ丘4丁目	1,778	735	35.5	1968
鶴ケ丘5丁目	1,095	478	38.6	1971
大根布	3,221	1,250	20.6	―
大清台	806	398	27.2	1975
大学1丁目	201	183	44.3	1972
大学2丁目	709	334	23.4	1974
宮　坂	727	278	29.8	―
西荒屋	912	340	32.1	―
室	392	150	39.8	―
湖　西	163	54	14.7	1976
ハマナス	833	302	12.1	1997
白帆台	2,111	641	6.1	2001
合　計	26,884	10,712	25.1	

※地区の開発年は，内灘町史を参照（わかる範囲で）。人口・世帯数・高齢化率は2017年4月1日現在。大学2丁目は特別養護老人ホーム利用者と金沢医科大学病院職員寮の人のみ。

9 県社協によるコミュニティワーク実践力 強化の試みと地域アセスメントの推進

神奈川県社会福祉協議会総務企画部総務担当主任主事 柳下亮平

1 コミュニティワーク検討会とは

　神奈川県社協では，長年にわたり，住民主体の活動（小地域福祉活動）の推進，そのプロセス・技法であるコミュニティワークを重点課題としてきました。地域福祉の推進を使命とする社協のワーカーには，住民自身が主体となって地域の問題解決を進める過程を支援する「コミュニティワーク実践」における専門性の発揮が期待されるところです。その専門性も，特定のワーカー個人の能力に限定されたものではなく，組織全体にしっかり根づいたものであることが重要です。つまり，個人のセンスや力量だけに頼るのではなく，仮にそのワーカーがいなくなっても，社協には組織として責任をもって同等の実践ができることが求められるのであり，継続して専門性を発揮するためには，専門性の形式知化や組織内共有化を図っていく必要があるのです。

　このような問題意識から，社協の"組織的な"コミュニティワーク実践に向けた課題を検証すべく，2012（平成24）年3月から2013（平成25）年3月にかけてコミュニティワーク検討会を設置しました。

2 コミュニティワーク検討会のメンバー構成

　検討会には，県内の市町村社協メンバー7名，アドバイザー（駒澤大学川上富雄准教授），県社協が集まり，研究・検討を進めました。検討会設置に当たり重視したのがメンバー構成です。住民の主体的な活動を支援する地域支援のあり方，つまりコミュニティワークに関する検討をするわけですが，あえて各市町村社協の"地域担当"だけに限定せず，日常生活自立支援事業担当者，介護支援専門員，地域包括支援センター，福祉教育担当経験者など，職種も経験も多様なワーカーで構成しました。地域支援の最終目的は住民一人ひとりの自立生活の実現であって，たとえば住民100人が住む地域への関わりは100人分の自立生活への関わりになります。社協がソーシャルワークを拠り所とし地域支援を中核に据えた仕事をやっていくことを考えた時に，個別の生活支援，ケアマネジメント，福祉教育などさまざまなソーシャルワーク実践経験からの視点や知見は欠かせないと考えました。

3 座間市での地域アセスメント～フィールドワーク～

　検討会では，社会福祉専門機関である社協の機能について，①ニーズ対応感覚，②地

域アセスメント，③組織内連携の3点に絞り，現状と問題点の整理を行い，このうちとくに，②について重点的に検討を行いました。地域をアセスメントすることは，コミュニティワーク実践において，その作業から始まるという意味で「入口」であり，また，そこで把握されたニーズに基づきその後の援助や住民活動のあり方，コミュニティワークによる具体的な支援の方法が方向づけられるという意味で「要」のプロセスになります。一方，地域アセスメントができたつもりでいても，実際の地域には住民の気質，関係性など目に見えない不確定要素が作用し，活動にうまくつながらないことも多い…といった難しさも見聞されます。

　そこで検討会では，住民の主体的な活動につながりやすいと期待できそうなひとつの地域アセスメントの方法を考えました。それは「社協と住民とが協働した地域アセスメント」です。端的にいえば，アセスメント項目や分析など専門職の目線・主導で行うのではなく，地域住民の目線に寄り添いながら住民と一緒に行うという方法です。

　折しも，当時，座間市社協（以下「市社協」）で，一人暮らし高齢者の見守りや買い物困難者等の生活課題の発見・解決に向け，住民と一緒に地域の調査を試みるという動きがありました。これはまさに検討会の方向性を後押しするものでした。こうして座間市社協の協力のもと，座間市入谷4丁目の地域において検討会のフィールドワークとして実験的に地域アセスメントに取り組むことになりました（詳細は第2部1参照）。

　フィールドワークでは，市社協ワーカーがチームで目標を共有し，専門職として住民への丁寧な関わり・支援を行ったこともあり，とても有益な成果，経験を得ることができました。住民自身の地域を見る視点が養われ，より主体的に地域の問題と向き合う機会となること，結果として住民自身による活動づくりへと自然に促されること，社協と住民との関係構築が進むこと，など。専門職のみならず住民が参加する意義や効果を体感的に学べたことは大きな成果といえます。

　このフィールドワークから社協の組織的なコミュニティワーク実践力の強化に向けた多くの貴重な材料を得ることができました。

4 ┃ 検討会からの提案と実践，評価

　検討会では最後に総括として，今後に向けた課題を大きく3つにまとめ，社協（とくに市町村社協）市町村社協への提案として発信しました。

① 社協で働く一人ひとりのニーズ対応感覚の強化，ソーシャルワークプロセスの理解
② 住民主体の活動づくりを計画的に進めるための手法の習得（住民と協働した地域アセスメント）
③ 連携しやすい組織体制づくり（目標の共有，情報・スキル・経験など知的資源の蓄積）

　この提案は，社協の共通した仕事像を明らかにするとともに，コミュニティワーク実践力強化のために取り組むべき課題を提示したものです。検討会終了から数年が経ちますが，この提案を基に，県内複数の市町村社協において，社協と住民とが協働した地域アセスメント，ワーカーの専門性向上や組織内での意識共有を目的とした研修などの実践が着々と行われています。

　地域アセスメントも専門性の向上も，成果や手応えを得るまでにはある程度の長い時間が必要になります。したがって，成功か？失敗か？などすぐに容易に判断できるような単純なものではありません。しかしいずれも地域福祉の推進のために必要な取り組み課題であることは間違いないことであり，この提案は市町村社協が向かうべき道標を示しているといえます。

　県域全体を対象とする県社協の立場としては，こうした市町村レベルでの実践の意義や価値をしっかり評価し，長期的な目で各実践を後押しする姿勢を持ち続けることが重要と考えています。実践と評価。今後も検討会の提案の内容の具体化に向けた事業を充実させ，コミュニティワーク実践力の強化に努めていきます。

10 防災の町づくり支援と地域アセスメント

第2部

東備消防組合消防本部消防長 緑川久雄

1 災害弱者も含めた避難体制の確立

消防が対応する国民の生命に最も危害を及ぼす事象は，地震等の「災害」です。消防は，「災害」が発生した場合，全力を挙げて国民を救出します。「災害」に対する消防の任務には，「災害予防」も含まれます。事前に予防措置を行うことで災害が発生した場合に国民の犠牲を防ぐことです。

過去の災害（火災，東日本大震災，阪神・淡路大震災等）をみると高齢者が最も多く犠牲となっています。高齢者が犠牲となる原因は，火災等の災害発生をいち早く覚知すること，危難を避ける判断力，危難を回避する行動力，危険情報を受け取る能力などが脆弱もしくは欠落していることにあります。これらの原因を考えると，高齢者に特化するものではなく，障害者，傷病者，妊婦，乳幼児，子ども，外国人，旅行者なども犠牲を回避する能力が脆弱もしくは欠落しているといえます。すなわち，「災害弱者」対策が必要となります。災害弱者には，他者による支援が不可欠です。

ところが，過去の災害において，同様の災害環境に襲われた地域で犠牲者が出なかった，または極端に犠牲者が少なかった地域が存在します。「阪神・淡路大震災における淡路島北淡町住民が約300人を救出」，「白馬の奇跡」（倒壊した住居から住民の力で全員救出）などです。

北淡町の小久保正雄町長（当時）は，「「あの家のおじいさんは，奥の八畳間に寝ている。」というようなことまでお互いに知っている。みんなが顔見知りである，という顔見知りコミュニティが普通であった」，さらに「阪神・淡路大震災で学んだことの1つは，（中略）とにかく住民が自分たちで助け合えるという，血の通った人間関係のあるコミュニティを作っておく事が大切だということである」と話しています[*]。

「白馬の奇跡」について被災地堀之内区の当時の自主防災組織会長の鎌倉氏は「自分も助からないといけないからね。これは自助だよね。あとね，近所ね。本当は公助なんだけど，近所ね。自分を助ける自助・ともに助け合う共助・隣同士で助け合う近助，これが大事」[**]と言っています。大災害に見舞われた場合，多くの犠牲者が発生すると考えてしまいます。しかし大災害の環境の中でも犠牲を回避した事例は各地に存在します。それらの

---

[*] 小久保正雄「5. 阪神・淡路大震災から学んだもの」2002～2003年のトピック，消防防災博物館（http://www.bousaihaku.com/cgi-bin/hp/index2.cgi?ac1=B414&ac2=B41403&ac3=3246&Page=hpd2_view 最終アクセス2017年10月31日）

[**] 「「白馬の奇跡」そのヒントは，共助ならぬ近所にあり！？」NTT防災タウンページ，2015年12月25日 http://www.ntt-tp.co.jp/bousai/contents/town_nagano_01.html 最終アクセス2017年10月31日）

共通要因は「地域のコミュニティの存在が機能したこと」にあります。「地域のコミュニティ」は，必ずしも「地域の自主防災組織」に限定することなく，「顔見知りコミュニティ」や「近所」付き合いが重要であることを過去の災害が示しています。

2 | 東備消防組合の取り組み

　東備消防は，岡山県の最東部に位置し，備前市と和気町からなる消防の一部事務組合です。管内の南部は瀬戸内海に面しており，北部は山間部です。人口は，備前市と和気町で約5万人です。東備消防は，予想される南海トラフ大地震から一人の犠牲者も発生させないために，2012年度から5年間計画で管内227町内会のすべてにおいて防災訓練を実施することとしました。もちろん，防災訓練は消防としての「入り口」であり，真の目的は日常的に機能する地域のコミュニティの活性化にあります。

　東備消防には，防災対策の行政行為として消防法に基づく建物オーナー等への「命令」権も存在します。これは，一定規模以上のビルや地下街などで，公共の安全を守るための措置としての行政行為です。しかし，地域住民に対しては命令などの行政行為を行う等の法は存在しません。消防職員が多くの災害現場で見てきた悲惨な状況を住民に話し，犠牲を回避するためには日常的に機能する地域のコミュニティが必要であることを説明します。そうした防災教育による住民の理解と納得のうえに防災訓練が実施されます。

3 | 片上地区での防災教育の推進と地域アセスメント

　東備消防にとって，管内227町内会のすべてにおいて防災教育と防災訓練を実施した経験がありませんでした。そのため，まずパイロット地域を決め，そこから得た教訓を他の町内会に生かすことにしました。備前市「片上」地域をパイロット地域としました。その理由は，住民が一つにまとまることが歴史的に困難な地域であったためです。困難な地域で実施することができれば多くの教訓を得ることができます。片上地域は，大きく東片上と西片上に分かれています。それぞれに8町内会が存在します。そして，地域に入ると住民生活上さまざまな問題が存在していることがわかりました。町内会の中には，住民同士の確執があり会長などの役員が決まっていないところもありました。そうした町内会では，自主防災組織を結成し，自主防災組織主導で防災訓練を実施することとしました。町内会が機能しているところでは，町内会が中心に実施します。

　まず，最初に行ったことは，片上地区の区長と話し合い，町内会長が集合する会合へ参

加することでした。この会合には，民生児童委員，女性会，老人会などの地域の団体の責任者も参加していました。会合では毎年開催している運動会のプログラムが話し合われていました。実施種目をどうするかで話が行き詰まったとき，消防署は災害に備える物品の借り物競争を提案しました。その提案をきっかけに地域のお祭りに消防署も参加することになり，はしご車の試乗体験，救急措置の体験を実施しました。消防署が住民に受け入れられてきたころ，南海トラフ大地震に対する心配が議論されました。消防は，住民による地域の防災マップ製作の提案を行い，作成のポイントについて説明しました。防災マップは住民の手により作成され，全世帯に配布されています。

　次に，津波の被害が予想される地域と，山間部の土砂災害が予想される地域では，住民の災害に対する意識が異なります。そのため，東備消防は，住民が不安に感じている災害に特化した防災パンフレットを，数種類作成しました。ただし，これらの地域に共通する課題は「避難」です。津波や土砂災害が予想される場合，まずは避難することです。避難については，独自に避難することができないお年寄りや寝たきりの人もいます。そのため，避難する時は，「声掛け」を行いながら「支え合い」「助け合い」ながら全員避難を行えるよう，コミュニティづくりを促しました。

　東備消防管内の高齢化率は備前市 37.3％，和気町 39.6％となっています（2016 年 10 月現在）。住民がこの地に住み続けるためには，日常的に機能する地域のコミュニティが欠かせません。避難を中心とした防災訓練は成功し，5 年計画だった全管内実施は 3 年間で達成することができました。

4 ┃ 災害に強い地域づくり

　大災害により未曾有の犠牲者が発生した神戸市では，「防災福祉コミュニティ」づくりを市内全域で推進しています。これは，地域の町内会や婦人会，老人クラブ，民生児童委員，PTA，地域の事業所などで組織され，地域の防災活動や福祉活動の連携を通じて，地域の「助け合い」の精神や顔の見える関係を醸成し，いざという時にも活動できるものです。同様に伊勢湾台風で多大な犠牲者が発生した名古屋市，東日本大震災に襲われた仙台市においても福祉と防災を連携させた地域づくりが進められ，全国に波及しつつあります。「福祉・防災のまちづくり」を推進するためには，行政の専門家は，行政相互に連携し，それぞれの情報を住民に伝えることが欠かせません。また，地域の主体は住民であり，消防などの行政は「黒子に徹し」日常的に機能する地域コミュニティを築いていく支援を求められています。

地域における医療介護連携と地域アセスメント

国立病院機構岡山市立金川病院院長, 岡山大学医学部臨床教授　**大森信彦**

1 私たちの地域と病院の紹介

　私が勤務している国立病院機構岡山市立金川病院（以下，金川病院）は，1中学校区で人口約1万弱，高齢化率約35％の岡山市北区御津に位置しています。当院は，2012（平成24）年4月に，国立病院機構岡山医療センター（以下「OMC」）の新部門として開院した病院です。『国立病院機構岡山市立』という一風変わった名称は，旧御津郡御津町（以下「御津町」）時代に開設された町立金川病院を岡山市が引き継ぎ，現在の地に新築移転し，OMCが指定管理者として運営にあたっていることに由来しています。当地は，岡山県南東部二次医療圏の北辺をカバーする『御津医師会』に属しますが，開院以来，御津医師会の先生方には日当直や外来診察に加わっていただく一方，在宅患者さんの入院受け入れや，放射線検査など臨床検査の受託などを通じ，相互協力体制を築いています。

　当地の特徴は，伝統的に互助，共助の意識が高い中山間の農地であることに加えて，高校や工業団地といった社会資本も有し，急性期病院が多数ある岡山市中心部からもさほど遠くないという点です。御津町時代の2001（平成13）年に策定された，『健康みつ21』によって，一次予防重視のさまざまな地域密着型の住民活動が芽生えていましたし，金川病院開設の2012年頃には，岡山市内医療機関との連携や，在宅医療の推進といった取り組みも，御津医師会が徐々に取り組み始めていました。昨今，注目を集めている地域包括ケアシステムの素地が，すでに醸成されていたといえます。

2 日常生活圏ニーズ調査の実施

　金川病院開設準備にあたり，私は，御津地域における住民生活の実情，医療・福祉ニーズ，社会的ニーズがどのあたりにあるのかを調査する必要性を感じ，御津地域の全町内会に対して，「旧御津町日常生活圏ニーズ調査」を，岡山大学大学院社会文化科学研究科と共同で実施しました。質問票は，当時全国自治体で実施されつつあった「日常生活圏ニーズ調査」をベースとし，当地に固有の設問の造設や，質問内容の簡略化を行い作成しました。民生児童委員の皆さんの協力で，約200サンプルを回収し，3つの小学校区別（旧御津町が成立する前は，3つの「村」があり，それが小学校区となったため）に解析を試みたところ，以下のような共通の特徴が浮かび上がってきました。

① 老老2人の世帯が多く，持病を持ちながらも自立度は高い。
② 町内の人間の付き合いは浸透しており，町内会活動等への参加も活発。
③ 交通インフラが貧弱なため，自動車を移動手段とする人が多く，バスやJRの利用は，買い物や通院など限定的。
④ 通院を含めた日常生活圏は，御津地域内で概ね完結しており，他地域との人の行き来は限定的。通院者の8割は，OMCもしくは生活圏内の開業医，金川病院に通院。
⑤ 将来的な施設入所を希望する人が約半数。

　この調査を通して，上記の共通点を踏まえながら，個々の校区に固有の事情を念頭に置いたサービス提供の方法を検討していく必要性が認識できたことは，その後の活動に有益であったと考えます。

3 『みつネット』の立ち上げと活動の経過

　旧御津町日常生活圏ニーズ調査終了後の2012年10月，御津医師会の協力のもと，医療・介護スタッフや地元住民（民生児童委員，連合町内会を含む），行政（警察・消防を含む），学校関係者，商工会などから構成された，『みつネット』を立ち上げました。これは，2012年度から2015年度まで御津医師会が受託した，「岡山県在宅医療連携拠点事業」の受け皿となり，金川病院内に，専従のMSW1名，ケアマネ1名，事務職員1名を配置した「御津医師会地域連携室」を置いて活動を進めました。
　みつネットでは，以下の5つを柱のプロジェクトとし，『御津健康新聞』を年4回発行して，住民への広報を行っています。

1　在宅看取りの推進と介護人材育成のための研修，地域医療介護福祉資源情報提供
2　リビングウィル・エンディングノート作成の啓蒙と，ツールの開発
3　認知症早期発見の啓蒙とセルフチェックツールの開発
4　カナミックシステムを利用したICTによる情報共有の試み
5　御津地域活性化のための多職種交流町おこし活動

　2015年度までは，年4回の住民も交えた全体会議と，毎月のコアメンバー会議を実施

11 地域における医療介護連携と地域アセスメント

地域アセスメントの講義

地域アセスメントのワークショップ

し，2015年6月の全体会議には川上先生をお招きして，「高齢少子・無縁社会と生活課題〜生活課題を炙り出そう〜」と題してご講演いただきました．続く全体会議のワークショップでは，御津の良い点悪い点を炙り出そうというテーマで，KJ法で生活課題の抽出を試みました．

2016年度からは，全体会議に代えて地元住民や高校生も参加した『みつネット健康フェスタ』を金川病院敷地内で開催し，子どもや子育て世代にも健康や地域包括ケアに関心を持ってもらえるよう試行錯誤をしているところです．

今後の活動の継続性を期するため，現在，『みつネット』のNPO法人化に向けて準備を進めています．

4 御津地区における地域包括ケアシステムと地域アセスメントのこれから

当地は，2005年の自治体大合併以前，人口1万を超える御津郡御津町でした．残念ながら，岡山市との合併後，予算削減や中心となる住民の高齢化，後継者の不足などによって，住民活動がやや低調となっているのは否めません．幸い，旧町政時代に誘致した工業団地，保育園や幼稚園などの社会資源の充実，旧県立福渡高校と旧県立金川高校の統合で10年前に発足した県立御津高校の存在により，外部から多数の若年者が流入するため昼間人口は2万程度まで膨らみます．加えて，岡山空港や山陽道岡山インターチェンジ，OMCから車で15分という利便性もあり，「適度な不便さと便利さが共存する，穏やかで安全・安心な中山間地」と言っても過言ではありません．このような環境は，今後の地域包括ケアシステムの構築にさまざまな示唆と可能性を与えていると考えています．すなわ

ち，「地域包括ケアシステムの充実＝地域活性化・まちづくり」であり，医療・介護単独で取り組める問題ではなく，農業，商業，工業，教育など，他職種を巻き込んだ協働プロジェクトとして進めていく必要があります。その中において，『みつネット』がその「場」を提供し，金川病院をはじめとする医療・介護専門職が，全体の取りまとめ役としてファシリテーター的役割を担っていけば，常に「地域アセスメント」をアップデートしていることにもなり，地域固有のケアシステム充実に寄与していくのではないかと思います。5年間の活動の成果と言えるかどうかはわかりませんが，2016年から2017年にかけて，御津地域における住民自身によるサロン活動である「高齢者いきいきサロン」の数が，一昨年に比べ倍増しており，まだ増える見込みです。どういう形にせよ，草の根レベルの意識が高まってきたことは確かなようで，大変ありがたいことです。

　現在の私の夢は，地元高校生を，私たちの仲間にどんどん引き込んでいき，町内会活動などのフィールドワークを通して世代間交流を促進していくことです。若者の目を通した地域の「アセスメント」は，もしかすると，新しい地域活動を発掘してくれるかもしれませんし，若者にとっても，人生経験豊富な人々や地域資源との接触によって，大切な価値観を見出すかもしれません。高校生に限らず，地域に関わっているみんなが，楽しく自由に活動していく環境を整えていくことによって，「内発的で継続的な」地域アセスメントができていけば，理想的ですね！

12 公益社団法人日本駆け込み寺
～歌舞伎町パトロールの取り組み～

公益社団法人日本駆け込み寺相談員　**千葉龍一**

1 公益社団法人日本駆け込み寺

　現在の日本社会では，DV，家庭内暴力，多重債務，自殺願望，ひきこもり，刑務所出所後の受け入れ先など，さまざまな問題に苦しんでいる人がたくさんいます。それぞれの問題に相談窓口はありますが，窓口のわからない人への対応，「DVと借金」というふうに困りごとが重なっている人への対応をする機関や「困りごとの救急総合病院」ともいうべき相談所はほぼありません。玄秀盛を代表とするNPO法人「日本ソーシャルマイノリティ協会」新宿救護センターは「困りごとの救急総合病院」として，歌舞伎町で9年間にわたり，被害者であろうと加害者であろうと分け隔てなく，苦しむ人はどんな方でも受け入れるという姿勢のもと，人々の悩みを傾聴し支援活動を行ってきました。

　全国各地から苦悩を抱えた相談者が駆け込んで来ることから，全国の繁華街で直接面談する活動を展開したいと考え，一般社団法人日本駆け込み寺を設立。そして，2012年11月にさらに広く人々を利することのできる公益社団法人格を取得しました。「たった一人を救う」をモットーに，目の前の相談者の内なる「自立」の力を引き出す活動に全力で取り組んでいます。そして，この活動を全国に広げ，一人でも多くの人が幸福を実感できる社会の実現を目指しています。

2 歌舞伎町パトロールで街を知る

　日本駆け込み寺の活動の一環として，毎週土曜日の夜にボランティアスタッフとともに，1時間にわたってポケットティッシュを配りながら，どんな人からの相談も無料で受け付ける駆け込み寺の存在をPRする「歌舞伎町パトロール」を行っています。約5年間で300回実施し，延1,835名（2017年8月12日現在）がパトロールに参加しています。ヤクザも，客引きをするキャッチ*も，風俗で働く人も，街のあらゆる人に「こんばんは」と声をかけてきましたが，最初の頃はほとんどの人から相手にされませんでした。同じ地域で働く者同士として，どんな職業であれ働いている人には「お疲れさまです」と声かけするようになってから，キャッチの人たちが少しずつ反応してくれるようになってきました。彼らと徐々に関係ができてくる中で，ある時キャッチさんから「お金を貸して」と頼まれるようになりました。配っているティッシュに「刑務所出所者支援」と書かれていたことから，他のキャッチの人が出所者であることを知らされることもありました。出所し

---

*　キャッチとは，路上や街頭などで通行人を呼び止め，店舗・営業所などに同行させて勧誘を行う人。

て働きたくても働く場所がない人たちが結果的に歌舞伎町に流れてきている現実を目の当たりにしました。事務所で待ちの姿勢で相談を受けるだけでなく，街へ出て声かけやティッシュ配布をすることで直に人に対面できニーズが掘り起こされてくることを実感しました。

3 ニーズに基づく支援の展開「新宿駆け込み餃子」

　刑務所は私語禁止のためコミュニケーション能力が低い出所者が多いのも事実です。また，建設業等を紹介しても，ハードな業界のため長く続かない人も多いのが実情です。そこで，飲食業ならコミュニケーション能力の向上にもつながり収入確保にもなるのではと考えたものの，法人内では飲食店経営のノウハウがなかったため，これまで培ったネットワークで飲食店経営者に声をかけ，趣旨に賛同してくれる会社に出会って「新宿駆け込み餃子」開店に至りました。2015年4月にオープンしてから，これまで22人の出所者の方々が働き，うち11人が次の就職先へとステップを踏んでいます。仕事に就くのが困難な人は福祉事務所に同行して制度につないだり，住まいを確保するために一緒に不動産屋を回るなど，その人の生活を立て直すための支援全般を行っています。

4 支援のスタンスと今後の展望

　パトロールのボランティアにはさまざまな人が参加しています。元キャッチ，出所者，元ひきこもり等，当事者性の強い人も参加していますが，差別的な扱いを敏感に感じる人たちなので，フラットに接することを心がけています。支援できることだけを率直に伝えています。最近では，パトロールボランティアに社会福祉分野の人がたくさん参加するようになりましたが，専門職もイメージ先行でその思考に囚われている現実が垣間見られ，キャッチの人たちなどを「悪い人」と線引きをしてしまっている人が多いようです。そうは言っても「人」として接することが大事ではないでしょうか。

　また，大事にしているのは「寄り添いすぎない支援」です。本人がやる気にならないと，真に変わることは困難です。歌舞伎町駆け込み寺の扉の外から見ていて中に入ろうとしない人にはこちらから声をかけることはしませんが，入ってきた人には全力で支援をしています。

　支援をしてきた人たちの中で，情報弱者，判断能力が低いと疑われる割合は半数を超えます。しかし，障害の有無や働けるか否かといった「社会的通念となっている支援の枠組

12　公益社団法人日本駆け込み寺　～歌舞伎町パトロールの取り組み～

2016年12月31日パトロール出発前

みや自立概念に当てはめる」のではなく，「本人がどうしたいか」に添った支援に力点を置いて支えるよう心がけています。

　以前は1,000個ティッシュを配って1人相談に来ればよい方だったのが，今ではその数倍もの人が相談につながるようになりました。また，5年間という積み重ねで，以前はティッシュを渡そうとしても「いらない」と断られていた身体を売っている女性たちも，最近は受け取ってくれたりするようになりました。4年間声を掛け続けた人が相談に来てくれたこともありました。

　「困っている人に何かできることはないか」との一心で続けてきたパトロール。これからも「たった一人のあなたを救う」ために継続していきます。

13 ホームレス支援 NPO 活動から見た地域アセスメント

第2部

NPO 法人岡山・ホームレス支援きずな　理事・社会福祉士　**新名雅樹**

1 「ホームレス」状態にある人々は地域の中にどれだけいるのだろうか

　当法人は，2002 年に「岡山・野宿生活者の冬を支える会」という，ボランティア組織として活動を発足させました。主に岡山県岡山市内の野宿生活となっている方々への炊き出しや相談支援を冬季限定で開始し，2011 年に法人格を取得，現在も炊き出しや夜回りなど野宿生活者への支援を中心にさまざまな支援を続けています。

　活動開始当時，岡山市内の都市公園や岡山駅地下，河川敷などに，点在しつつも数十名の野宿生活者がいました。この数十名という曖昧な数字は，野宿生活者は流動的かつ定置で野宿をしているとは限らないこと，また一週間のうちでも移動などから増減があり，正確な実数は把握できない状況にあるためです。さらに，2008 年のリーマン・ショックにともなう世界的不況により，野宿生活者だけでなく，車上生活やネットカフェ難民といわれる人々の増加など，野宿をしている場所も把握しきれないホームレス状態の方が増大しました。そして今も，当法人は夜回りで等で，岡山駅を中心に少なくとも 30 名以上の野宿生活者がいることを把握しており，車上やネットカフェに至っては十分な把握ができず，対応に苦慮しています。

　岡山の野宿生活者は，直近に岡山市内で居宅生活していた人は少なく，全国から流れ，行き着いた先の岡山市内で結果として野宿状態となった方が実は多いのです。東京や大阪の野宿生活者は数百名以上の規模であり，比較すれば岡山市内の野宿生活者は少人数ですが，野宿生活者や車上，ネットカフェといった不安定な住環境にあるホームレス状態の人々は決して無くなりません。人数の多寡はあっても，人が暮らしている場所であれば，全国から流動的にホームレス状態の方がたどり着き，存在していると実感しています。

2 ホームレス状態にある人々のニーズ把握と支援

　野宿生活者に直接出会う機会として，路上での炊き出しの実施や深夜帯などで路上を巡回する夜回りといった方法があります。全国各地で実施される方法ではありますが，一律の基準があるわけではなく，野宿生活者の実態や支援団体の規模などで週あたりの回数や内容には差が見られています。しかし，回数の違いはあっても，直接出会う機会があってはじめて野宿生活者の抱える困りごとは見えてきます。

　炊き出しや夜回りといったアウトリーチ活動での，ホームレス状態にある人々への聞き取りでは次のような困りごとがあがってきます。「家がない，借金，お金がない，食べ物がない」といった物理的な困窮，「病気，障害がある」といった身体的困窮，そして「頼

る人がいない，助けてくれる人がいない」という関係的困窮です。少子高齢化，核家族化だけでなく，労働や賃金，住まいの問題などが困窮の背景にはあります。

　岡山でも生活保護制度をはじめ，生活困窮者自立支援制度など，困窮状態への福祉支援策で，物理的困窮の解消は比較的行いやすくなりました。しかし，野宿生活まで困窮する状態となると，物理的・身体的困窮はもちろん，多くの人は人間関係も破綻した関係的困窮状態となっています。ホームレス状態となると，地域社会や地域住民とのつながりは最も希薄となります。そのため，困窮ニーズに応じ，たとえば生活保護制度で住まいを確保し，就労自立支援策で就労をしたとしても，関係的困窮状態は解決されず，地域の中で誰も知る人がいない状態で過ごすことになる方は少なくありません。野宿生活を抜け出せたとしても，地域の中で孤立し，心理的な不安から再びアルコールやギャンブルへの依存を高め，経済的に再度破綻し，そしてまたホームレス状態へと戻ってしまう，ということもあります。こうした状況が，野宿生活者によっては，地域社会での自立を望まない原因のひとつとなっています。むしろ，野宿生活者同士が名前を知らなくとも野宿というつながりをもち，野宿という過酷な環境での生活のほうが，関係的困窮が解消されるという歪な状態を作り出してしまいます。

　当法人では，ホームレス状態にある人それぞれのニーズを制度的な支援につなげることだけでなく，関係性の構築を最も大切にし，炊き出しや夜回りを通じて何度も関わります。そして同時に，彼らが地域住民や地域資源とつながりやすくなるような環境の調整を重視して活動しています。

3 誰かに「助けて」と言える地域の力をつけていく

　全国どの地域にもホームレス者を専門的に支援する団体があるわけではなく，一方で，どの地域にもホームレス状態の人々が存在します。当法人では，地域からホームレス状態の方を排除せず，どのように彼らを「発見する力」をつければよいのか，そして「つながる力」，つながりを「続けていく力」をどのように育てていけばよいのかを考えています。

　当法人では現在，炊き出しを路上では行わず，地域に拠点を持ち，食堂形式で食べに来てもらっています。食事をとることのみを目的とせず，明るい場所で人の目を気にすることなく，話し合いながら一緒に食事をとり，人間関係を構築することを大きな目的としているためです。この炊き出しを通じた関係の構築が，野宿生活者が地域の中で誰ともつながっていない状態から，「助けて」と誰かに伝えるきっかけを生み出します。そして，そこから徐々に多くのボランティアと話し合う機会をもつことでニーズが引き出され，いま

地域アセスメントの実践と関わり　第2部

必要な資源は何か，これからどうしていきたいかを一緒に考えることができるようになります。

　当法人のボランティアの方は元野宿生活者だった方も多く，その点ではホームレス状態の苦しさや辛さを誰よりも共感することができ，当事者との関係づくりにおいては福祉専門職でも及ばない貴重な存在です。また，岡山で今も野宿生活を続ける人が，新たな野宿生活者を当法人につないでくることがあります。地域の中では知られていないことかもしれませんが，野宿当事者の存在が，実は他の野宿生活者への支援につながっています。当法人ではそうした当事者を大切な支援の仲間と捉えています。

　ホームレス状態にある人々への直接的な支援制度は少なく，私たちの活動資金も潤沢とはいえません。しかし，当法人のような小さな団体の活動を通じて，「流浪の民」となってしまいやすい人々が地域とつながるきっかけをつかみ，安心して生活できるようになるためのサポートを今後も続けていきたいと考えています。

14 地域の基幹的社会福祉法人の地域ニーズの把握と対応

社会福祉法人新市福祉会統括センター長 　佐藤秀圭
同　地域貢献センター長・居宅介護支援事業所主任　小川征志
同　地域包括支援センター管理者　角田堅吾

1 社会福祉法人新市福祉会および地域の概要

社会福祉法人新市福祉会のある旧新市町地域は広島県東部に位置し、平成の大合併で福山市に合併した人口約2万1千人、高齢化率約32％（2016年）の自然豊かなベッドタウンです。地域住民の繋がりは比較的強く、学区の福祉を高める会（＝地区社協）・自治会を中心とした住民福祉活動も盛んに取り組まれている地域です。

ローカルコモンズしんいち　全景

社会福祉法人新市福祉会は、地元の医療法人を母体に1996年に特別養護老人ホーム、ケアハウス、ショートステイ、デイサービス、在宅介護支援センターをもつ旧新市町の福祉拠点として設立され、その後、老人保健施設、居宅介護支援事業所、地域包括支援センター、等を設置し事業拡大を続けてきています。

ローカルコモンズしんいち　ガーデンテラス

2014年には、医療と介護・福祉を包括した「トータル＆シームレスケア」を実践するための多職種協働地域包括ケア拠点として「多世代交流施設　ローカルコモンズしんいちガーデンテラス」を開設しました（写真参照）。ガーデンテラスは、認知症対応型通所介護事業所、障がい者就労継続支援B型事業所も含み、また、多目的室やレストラン、庭園等ゆったりできる空間を設けています。それらのスペースを活用して認知症カフェや子ども食堂にも取り組み始めており、子どもから高齢者まで地域の方々が気軽に集い交流しあえる福祉文化の結節点・拠点として機能しています。また、スタッフからすれば地域の多様な福祉課題把握の重要なチャンネルにもなっています。

地域アセスメントの実践と関わり　第**2**部

2 | 地域貢献推進センターの設立

　法人設立当初より，地域住民との交流，家族介護者教室，行方不明者捜索事業，サービス連絡会議等を開催しながら地域課題の把握，共有，解決に取り組んできましたが，法人内の各職種から職員を集め，法人として地域に関わったり働きかけていく窓口として「地域貢献推進センター」を2015年に設立しました。センターでは，地域住民との対話の機会を通じて，地域にどのような課題があるかをアセスメントし，把握したニーズに対して当法人でどのような対応が必要かを検討しています。また，後述する民生委員後方支援事業や，地域のサロン運営支援，各地区の地域行事へのヒト・モノ・カネの支援などにも取り組んでいます。

3 | 地域活動会議の設立

　2006年の地域包括支援センター受託にともない，地域住民との意見交換の場として「地域活動会議」という協議機関を立ち上げました。新市町内4小学校区の学区の福祉を高める会および民生児童委員協議会の代表者に参加してもらいました。当初は，先進的な地域福祉活動などの学習を中心としていましたが，徐々に町内の住民福祉活動の実態把握や地域福祉活動上の課題検討などに内容を変えていきました。近年ではテーマも地域で実際に把握された，日中独居，高齢者のみ世帯，ゴミ屋敷・身元保証人（親族）不在，軽犯罪を繰り返す子どもと要介護状態の老親，介護者が障害者の世帯，引きこもりや障害者をもつ子どもからの高齢者虐待といった，課題が複雑に絡みあい高齢者分野の制度のみでは解決できない事例等を取り上げ，ワークショップ形式で地域で何が取り組めるかを検討する場へと発展してきています。

4 | 民生委員後方支援事業の実施

　また，2006年からは民生児童委員協議会の定例会にも出席し，民生児童委員との信頼関係形成と地域の実情把握をしてきました。その中から，より連携のしやすい地元基幹的社会福祉法人としての立場から法人独自の事業として2015年に「民生委員後方支援事業」を開始しました。この背景には，民生児童委員に寄せられるニーズの多様化・複雑化に対して，専門機関・専門職による積極的な後方支援体制が必要であると考えたからです。これまでの後方支援内容としては，以下のようなものがあります。

85

> 安否確認の同行訪問（訪問しても応答がない，最近見かけない場合），行方不明者の捜索協力（法人独自事業の徘徊 SOS で協力），災害支援（震災時には食料・水の備蓄を開放），ゴミ屋敷の片付け，低所得者や虐待ケースでの保護的入所や入所支援，研修会の合同開催および後方支援（資料提供，講師派遣と調整），など

　また，民生委員後方支援事業では，さらに細かな地域ニーズの把握を目的に民生児童委員へアンケートを実施しました。その結果，「地域住民の団結を図る必要」「一人暮らしや空き家の増加」「地域役員の高齢化」「関与を拒否するケースの増加」「ニーズ多様化で相談対応に専門性が求められる」「民生児童委員の対応範囲」「関係機関との連携」「個人情報保護の壁により正確に地域の把握ができない」など，民生児童委員が多くの地域ニーズや活動上の課題を把握・直面していることが明らかになりました。

5 | 地域ニーズ解決に向けて

　把握された課題すべてに対応することはできませんし，一社会福祉法人だけで解決できるものではありません。そこで現在，旧新市町内の専門職ネットワークとして近隣の介護保険事業所が集まり「しんいちサービス連絡会」を週1回開催しています。また，居宅介護支援事業所研修も月1回開催しています。医療との連携が必要となる場面も多く，母体法人でもある寺岡記念病院との退院調整や困難ケースに関する「地域包括ケアしんいち調整チーム」も週に一度開催しています。こうした仕組みの中で，精神障害の息子による高齢者虐待事例を高齢・障害分野の専門職連携により解決につなげた例もあります。また，専門職ネットワークにより地域で取り組まれているふれあいサロン活動を支える等，地域活動支援機能も発揮し始めています。

　さらには，個別ケース解決のための地域ケア会議の開催にとどまるのではなく，買物難民支援や居場所づくりなど住民参加による社会資源の開発について，住民，行政，社協，施設，医療関係者等が一堂に会して検討できる地域ケア会議の設置も検討しているところです。

15 地域ニーズに応える開拓的地域公益活動
～福祉楽団の取り組み～

第2部

社会福祉法人福祉楽団 理事長　飯田大輔

　福祉楽団は，2001年に設立し，現在は千葉県と埼玉県で特別養護老人ホームや障害者就労支援施設などの福祉事業を経営している。ここでは，福祉楽団の地域とのかかわりの深い実践を2つ紹介し，幅広い視点から地域福祉ないしはコミュニティのあり方を論じたいと思う。

1　事例1　ツルガソネ保育所＋特養通り抜けプロジェクト

　埼玉県八潮市は秋葉原から電車で20分ほどの町だ。駅前は商業施設やマンションの開発がすすみ，保育所の待機児童の問題がある一方で，駅から車で10分も走れば田園が広がっていて高齢者世帯も多く，空き家の問題も耳にするようになった。福祉楽団では，2007年4月に市内に定員100名の特別養護老人ホームを開設した。特養では終末期ケアに積極的に取り組んできており，いまでは入居者のほとんどが施設で最期を迎えることを希望している。そんな特養で地域を意識した取り組みをいくつか実施している。たとえば，毎月5のつく日は，「ごはんの日」と称して誰でも無料でお昼ごはんが食べられる。引きこもりがちな高齢者や若者などの外出の機会になるほか，調理から参加したり，おかずを持ち寄ってくる人もいるし，夏休みには子どもも来たり，特養の入居者も混ざったりして，みんなで食べる昼ごはんだ。たまにワイワイとやる食事は何より楽しい。さらに，特養の会議室を活用して学校の学習についていけない子どもたちに無料の学習支援を行っている。先生は，地域に住む元教員の人たちだ。現在，利用している子どもは3名，ボランティアの先生は5名である。特養の相談員が子どもと先生をマッチングさせたり，双方でトラブルが生じたときの調整などを担当する。教育格差が将来の経済格差につながらないようにしようという理念で始めた事業だ。いまでは，生活困窮者自立支援法の中に「学習支援」という制度メニューもあるが，法施行の前から実施しており現在も制度の事業としてではなく任意の事業として行っている。

　このような地域を意識した取り組みを重ねてきているが，特養の中にあった職員向けの託児所が手狭になっていたこともあり，2016年に「企業主導型保育事業」を活用して，隣接地に保育所を増築することにした。これをきっかけとして，もっと大胆に地域とつながる空間，仕組み，構造をつくろうと思案し，本件プロジェクトを実施することにした。図の〇で囲んだ建物が今回増築した保育所である。この保育所に面する路地は近くの高校の生徒がよく通る路地だ。保育所にはゲートやフェンスを設けるのが福祉の「常識」だがつくらなかった。その保育所と特養のリビングをウッドデッキでつないだほか，保育所側の路地から入って，特養の敷地内をフラフラしながら正面玄関側の路地へと通り抜けられ

15 地域ニーズに応える開拓的地域公益活動　〜福祉楽団の取り組み〜

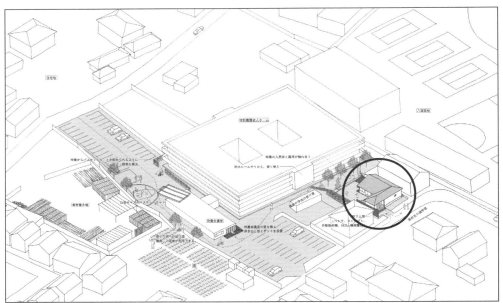

図：杜の家やしお俯瞰図　　　　　　　　　　　　　　　　　　©ツバメアーキテクツ

るようにした。ちょっと楽しく通り抜けてもらえるように，特養の裏側にあった会議室の壁を撤去して人が入れる掃出窓に変え，通り抜ける人を出迎えるようなウッドデッキを敷設した。また，正面玄関前の駐車場部分に，「本物」のバスケットボールコートを新設し，高校生がたまって遊べる空間とした。中学生や高校生たちが待ち構えていたかのように続々と特養に集まってくる姿を見るととても楽しい。竣工したのが2017年6月なので入居者とのかかわりをどうして工夫するかはこれからだが，バスケットボールの貸し出し係が得意そうな入居者は見当がついている。子ども，高齢者，中高生，現役世代である職員，地域のボランティア，お昼ご飯を食べにくる人，さまざまな世代が，さまざまな目的で特養に集まり，もしくは通り抜けていくこのプロジェクトは，施設という「箱」を，地域のネットワークの構成要素の一部に変化させるものであり，特養を特養という概念から解放するものである。

2 事例1 地域ケアよしかわ「みんなの食堂」プロジェクト

　吉川市は埼玉県南部に位置し，東京郊外を走るJR武蔵野線沿線に位置する町だ。1996年に市制が施行され，東京のベッドタウンとなっている。市内には，1973年に建てられ

地域アセスメントの実践と関わり 第2部

た公団（UR）団地があり1,900世帯が暮らしている。団地の中には「名店街」と呼ばれる商店街があるが近年はシャッターが目立ちはじめ，寂しい雰囲気が感じられるようになっていた。福祉楽団では，テナントの一つをURから借り受け，2014年に訪問介護事業を開始した。空間の設計では，地域に開かれた事業所にすることを目指し，縁側があり，キッチンを組み込んだ大テーブルを

地域ケアよしかわ　　　　　　　　　©teco

真ん中に据えたプランを採用した。事業の計画段階では，具体的な使用イメージはなく漠然としたものであったが，地域の民生児童委員の方々との出会いがあり，いまでは地域活動の拠点として機能している。

　開設後，夕方になると子どもたちが遊びにくるようになった。入りやすい雰囲気と軒先にコンセントがあるからゲーム機などの充電が目当てといったところだ。子どもたちの通学路になっていることもあり，「水飲んでいいらしいよ」「休めるらしいよ」という口コミが子どもの間で広まり，やってくる子どもは増えていく。とある土曜日の昼下がり，ひとりの子どもが遊びにきて，福祉楽団の職員に100円玉を見せた。「これ（100円玉）で昼ごはんを食べておけと言われたんだぁ」というような会話があった。その職員は，その月の会議でこの話題を報告し，炊飯ジャーを買っておけば，ご飯と味噌汁くらいなら提供できるだろうと考えたのだった。一方，地域の民生児童委員さんもこうした課題があることは認識しており，食事を提供することができる場を探していたという。そして「地域ケアよしかわ」に話を持ち込んできてくれた。いまは，週3回，15時くらいからボランティアが食事の準備をはじめ，17時すぎからご飯が出される。子どもや子ども連れのお母さんが多いが，毎日，事業所のパソコンを使ってYou-Tubeで美空ひばりを見に来る認知症のおばあちゃん，ひとり親の若いお母さん，少しだけスタッフの役割を担っている特別支援学校高等部生徒さんなど，多彩な面子だ。「子ども食堂」と呼ばれるものが全国で広がりを見せているなか，ここの様子はさながら「みんなの食堂」といったところだ。

　福祉楽団の職員は，意図して団地自治会と良好な関係を築こうとしている。自治会は「地域ケアよしかわ」を排除するわけではないし，福祉のプロがいる拠点があることを心強く思ってくれているようだ。しかし，食堂の利用者は団地外の人も多いので，全面的に協力，

89

ということにはなっていない。団地のお祭りに福祉楽団も協力するなどそうした機会を重ねながら少しずつお互いの理解は深まっているように感じている。正面に縁側を配置した「地域ケアよしかわ」は，昭和を思わせる団地商店街の中で，現代的な人々のつながりをつくる場所になってきている。もはや，ひとつの訪問介護事業所を超越した存在である。

3 | 地域アセスメント

　このような私たちの実践に「地域アセスメント」と呼ばれるような科学的な手法は意識されたことはない。（本書のタイトルで手に取った人を裏切っているかも知れないが）私たちは実践家であるから，そうしたアセスメント手法や，常に最適な見直しや改善ができるような方法の開発については研究者に委ねたいと思う。そして今後の福祉の進むべき方向性としていくつか付言しておきたい。

　これまでの福祉実践ないしケア実践は，科学（≒近代科学）としての確立を目指してきた。「アセスメント」や「地域診断」と呼ばれる手法は近代科学の進展とともに 20 世紀に大きく発展してきたものである。「アセスメント」することで問題の原因を特定（診断）し，それを除去もしくは「治療」することで問題はなくなるとする考え方である。そして，「要素」のレベルにまで分解して理解することで，それを再構成すれば現象が再現できると考える。こうした「科学的な視点」は必要だし，さらに養っていくことは大切だろう。しかし，すでにお気づきのとおり，「科学」だけでは地域の問題の解決は難しいし，限界がある。これから求められるのは，クリエイティブな福祉実践だろう。地域と対話する姿勢が重要となり，再現することが難しい常に一回限りの実践である。そして，こうしたクリエイティブな福祉実践では人と人の「関係性」のあり方に注目しそれを「進化」させていくことが大切となる。関係性を進化させるためには，福祉に携わる人も変わらなければならないし，地域社会や施設のあり方も変わっていくことになる。

　これらの議論は「個人レベルの QOL」から「地域レベルの QOL」を問う時代へのシフトを意味するのであるが，「人々が生活を継続していくための地域」という捉え方だけでなく，「地域を継続させていくための人々の生活」といった視座が必要であり，生活をする人と地域を橋渡ししていく役割として福祉職が期待されている。

　特養通り抜けプロジェクトは，当初から近道として敷地内を通り抜けていく人がいたので，そういう人を福祉の資源として活用する方法を模索したまでのことだし，バスケットボールのコートは前任施設長が，バスケットボールが好きだったからそうした方法に結びついた。地域ケアよしかわの「みんなの食堂」も職員と子どもの関係がありその会話の中

地域アセスメントの実践と関わり　第**2**部

から課題が顕在化された。

　そして，こうした取り組みの基盤として，「こんにちは」といった日々の挨拶や，地区の草刈りやお祭りなど自治活動には意識的に参加している。そして，そうした活動を通してほかの住民に「なぜ？」と問いかけていくことで言語化を促すような働きかけをしたいと考えている。私たちは，従前の関係性に馴染むことではなく，関係性を進化させることを試みる。そうすることで，「閉鎖的」で「排他的」な地域を少し開き，多様性を認め合う地域へと変えるきっかけとなると考えている。

おわりに
～アメリカ視察で考えさせられた～

　編者が，2006年に文部科学省の科研費の調査でアメリカ合衆国のあるコミュニティセンターを訪れソーシャルワーカーの実践をうかがった時のことです。セントルイス市の比較的中心部の人口約4,500人，約1,500世帯を管轄するそのコミュニティセンターは，主に貧困地域の地域開発（community development）に取り組む機関で，失業者就職支援，高齢者・障害者のリハビリ，高齢者学習プログラム，児童学習プログラム・放課後保育，住民会議，配食・会食サービス，犯罪防止・落書防止，若者社会・ボランティア・社会奉仕活動，高齢者障害者宅のリフォーム，健康増進（各種スポーツ教室），犯罪少年に対する家族支援や行動変容支援など，さまざまなプログラムを実施していました。日本でいえば，公民館・児童館・デイサービスセンター・ハローワーク・スポーツセンター・社協などの機能が集まったような機関であり，さらには医療機関や学校，警察，さまざまなＮＰＯ・ボランティア団体とも緊密な連携の中で事業に取り組むセツルメント的な組織でした。

　このコミュニティセンターでは，地区の住民の生活状況やニーズを把握するために1995年に地元大学院のソーシャルワーク実習生の協力を得て全世帯へのアンケート調査を実施しました。この調査の結果，地域の治安に対する住民の不安の声が多くあがってきたそうです。スタッフの感覚的にも，犯罪統計的にも，怪しい人物の徘徊，強盗，窃盗，ドラッグ，強姦，車上荒らし，破壊，放火などがこの地域で多発していました。こうしたニーズを踏まえて，コミュニティセンターは防犯教育と地区の再開発に乗り出しました。とくに後者では，デベロッパーと連携して地区内の古く狭い建物を取り壊し，区画整理して新たに高層住宅を建てて分譲しました。もちろん旧住民も立て替わった新しい住宅に戻ってきました。さらに，新たに生まれた土地を地元大学の教員や医師などを対象に割引価格で販売しました。道路や建物が広く明るく綺麗になり，新たな住民層が加わったことで，町の雰囲気も大きく変化し，統計的にも犯罪発生率を大幅に低下させるという実績をあげました。住民も一時的な仮住まい生活は強いられましたが費用負担はなしで元の地域の新しい家に戻ることができ，デベロッパーも儲けることができ，新住民も職場に近い便利の良い土地を割引価格で購入ができたという，公的補助金などに頼らない民民関係のみでのwin-win事業に取り組み，「犯罪発生率の減少」という地域支援目標を達成していました[*]。

　縦割りや分野論にとらわれずに，住民ニーズに即した幅広い問題解決活動に取り組んだり，民間営利企業も巻き込んださまざまな社会資源や外部資金を自由に活用してダイナミックなソーシャルワークが展開できる権限や能力をもつことを羨ましく思いました。こ

---

[*]　平成18年度科学研究費補助金（課題番号16730297）報告書「コミュニティワーク教育方法の開発に関する研究」川上富雄，2007

れはソーシャルワーク専門職の力量やセンスに焦点をあてた事例ですが，地域力強化検討委員会最終まとめ（2017）がいう「複合課題丸ごと・世帯丸ごと・とりあえず丸ごと受け止める」ということは，旧来の分野論・制度論的限界にとらわれず，無限の社会資源との連携を視野に入れながら解決方法を編み出す権限がこれから現場にどんどん付与されてくるとともに，専門職がそれを遂行できる発想や力量をもって柔らか頭で地域支援を展開していくことが求められるということではないでしょうか。ソーシャルワークの無限の可能性を感じるとともに，センスと力量があるソーシャルワーカーに恵まれた地域はこういう風に大きく変われるんだなと実感しました。

　ひとつ触れておきたいことは，家族が変容し自助力が衰え，地域が弱体化し共助力が損なわれたためにさまざまな生活問題が抑えきれなくなって噴出しているのにもかかわらず，その問題を地域に投げ返して「地域でガンバレ」と責任転嫁だけをしようとする福祉業界の風潮についてです。本文中にも触れましたが地域組織は弱体化し地域活動者も疲弊しています。居住形態の変化や個人情報保護法により関係形成や組織化も困難な時代になっています。地域で課題解決に頑張ってもらうには，住民に役割を押し付けるだけでなく，責任を持って継続的に地域に関わり地域住民の活動を支える専門職をきめ細かく配置していかないとだめだということです。制度の制約なくフリーハンドで地域支援に携われる生活支援コーディネーターや地域福祉コーディネーターが地区の数だけ必要な時代になっているのではないでしょうか。

　閑話休題。「コミュニティワーク」の出発点となるのが「地域ニーズの把握」であり，地域ニーズを把握する方法が「地域アセスメント」といえます。地域アセスメントの結果がその後に続く地域福祉活動や地域福祉実践の方向性やありように大きな影響を与えます。だから「地元地域のニーズに基づいた地域福祉活動をもっとちゃんとやろうよ」というメッセージを本書では訴えたかったのですが，地域アセスメント技術論の細かな話題に偏ってしまったかなという反省もあります。今回まずは地域アセスメントを世に問うたといった段階ですが，読者の皆様からの声を踏まえて今後さらに理論的にも実践例的にも洗練させていければと思います。

　2017 年 11 月

編者　川上　富雄

執筆者紹介（執筆順）

第1部

1 〜 17 　**川上 富雄**（かわかみ とみお）：駒澤大学文学部准教授
1990年同志社大学文学部卒業。岡山県社会福祉協議会，広島県社会福祉協議会，日本社会事業大学，川﨑医療福祉大学を経て2009年より現職。その間，1994年日本社会事業大学大学院修士課程修了，2008年日本社会事業大学大学院博士後期課程満期退学。

第2部

1 　小林 孝行（こばやし たかゆき）：座間市社会福祉協議会総務企画課ボランティアセンター担当課長
2001年座間市社会福祉協議会入職。デイサービス管理者，地域福祉担当を経て2015年より現職。

2 　藤居 昌行（ふじい まさゆき）：相模原市社会福祉協議会福祉推進課地域支援係主査
2001年日本社会事業大学社会福祉学部卒業。同年に社会福祉法人相模原市社会福祉協議会に入職，地区社協支援やボランティアセンター担当などを経て2015年からコミュニティソーシャルワーク実践担当者。

3 　佐野 裕二（さの ゆうじ）：総社市社会福祉協議会事務局長
教員等を経て1994年清音村社協に就職。2005年に総社市，山手村，清音村が合併。事務局次長等を経て，2008年度から事務局長。地域福祉推進委員会委員（全社協），社会福祉経営支援委員会委員・地域公益活動推進研究会委員（県社協）等を歴任。

　　中井 俊雄（なかい としお）：総社市社会福祉協議会事務局次長
日本福祉大学を卒業（1993年）後，総社市社協で福祉活動専門員。障がい者基幹相談支援センター長，障がい者千人雇用センター長，権利擁護センター長，生活困窮支援センター長等を経て，2017年度から事務局次長，ひきこもり支援センター長。

4 　田中 聖子（たなか せいこ）：地域包括支援センター聖テレジア第2管理者（主任ケアマネジャー）
1990年和泉短期大学卒業。鎌倉市社会福祉協議会，ファミリーサポートセンター，㈱ナムコ　デイサービスセンターかいかや及び居宅介護支援事業所を経て，2009年地域包括支援センター聖テレジア入職，2016年より現職。

5 　川島 徹也（かわしま てつや）：静岡市社会福祉協議会地域福祉部参与兼清水区地域福祉推進センター長
1997年関東学院大学文学部卒業。清水市社会福祉協議会（現在は静岡市社会福祉協議会），相談担当2年，総務担当7年，地域担当8年，企画調整担当3年を経て現職。

6 　井出村 一朗（いでむら いちろう）：横浜市中区社会福祉協議会主事
1989年日本福祉大学社会福祉学部卒業。同年横浜市社会福祉協議会入職後，横浜市内の区社会福祉協議会，地域ケアプラザに勤務。2015年より現職。

7 　堂野﨑 平（どうのさき たいら）：江田島市社会福祉協議会会長
1996年能美町社会福祉協議会事務局長として入職。2016年合併による江田島市社会福祉協議会設立にともない事務局長就任，2017年3月任期満了により退職，同年6月会長に就任。

8　藤田　徹（ふじた とおる）：内灘町社会福祉協議会福祉活動専門員
1999年東北福祉大学卒業。社会福祉法人つくしの会勤務を経て，2006年内灘町社会福祉協議会に入職し現職。

9　柳下 亮平（やぎした りょうへい）：神奈川県社会福祉協議会総務企画部総務担当主任主事
2009年神奈川県社会福祉協議会入職。地域福祉部，ボランティアセンターを経て2014年より現職。

10　緑川 久雄（みどりかわ ひさお）：東備消防組合消防本部消防長
1974年名古屋市消防局入局。2011年より現職。その間，消防庁救助業務高度化検討委員会，国際救助隊員，JICA専門家（マダガスカル共和国消防防災体制構築援助）等。

11　大森 信彦（おおもり のぶひこ）：国立病院機構岡山市立金川病院院長，岡山大学医学部臨床教授
1990年岡山大学医学部卒業。1994年同大学院卒業後，米国国立衛生研究所（NIH），東京都臨床医学総合研究所，岡山大学病院，国立病院機構岡山医療センター等を経て，2012年より現職。専門領域は，総合内科，神経内科，リハビリテーション科。

12　千葉 龍一（ちば りゅういち）：公益社団法人日本駆け込み寺相談員
2006年創価大学法学部卒業。2009年獨協大学法科大学院卒業後，司法浪人を経て2013年より現職。

13　新名 雅樹（しんみょう まさき）：NPO法人岡山・ホームレス支援きずな理事・社会福祉士
1995年川崎医療福祉大学医療福祉学部卒業。岡山県内の社会福祉法人での社会福祉士・ケアマネジャーとして特養・在宅業務などを経て，2008年より岡山パブリック法律事務所で社会福祉士として勤務。2016年より現職。その間，2007年日本福祉大学大学院修士課程修了。

14　佐藤 秀圭（さとう ひでかど）：社会福祉法人新市福祉会統括センター長
1996年大竹総合科学専門学校卒業。同年，社会福祉法人新市福祉会入職。ジョイトピアおおさデイサービス・ケアハウス・新市町在宅介護支援センターの相談員を経て，地域包括支援センターへ管理者として配属。2016年より現職。

小川 征志（おがわ せいし）：社会福祉法人新市福祉会地域貢献センター長・居宅介護支援事業所主任
1998年福山福祉専門学校卒業。同年，社会福祉法人新市福祉会入職。老健ジョイトピアしんいち入職・デイケア相談員，居宅介護支援事業所ケアマネジャーを経て，2014年より現職。

角田 堅吾（かくた けんご）：社会福祉法人新市福祉会地域包括支援センター管理者
2000年尾道ＹＭＣＡ専門学校卒業。同年，社会福祉法人新市福祉会入職。デイサービス相談員を経て，2006年地域包括支援センターへ社会福祉士として配属。2016年より現職。

15　飯田 大輔（いいだ だいすけ）：社会福祉法人福祉楽団 理事長
1978年千葉県生まれ。東京農業大学農学部卒業。千葉大学大学院人文社会科学研究科博士前期課程修了。2001年に社会福祉法人福祉楽団の設立に携わり特別養護老人ホームの生活相談員，施設長などを経て，現職。現在，京都大学こころの未来研究センター連携研究員，東京藝術大学非常勤講師。介護福祉士，社会福祉士，精神保健福祉士。

地域アセスメント—地域ニーズ把握の技法と実際—

2017年12月20日　第1版第1刷発行
2021年1月30日　第1版第3刷発行

編著者　川上　富雄

発行者　田中　千津子

〒153-0064　東京都目黒区下目黒3-6-1
電話　03（3715）1501㈹

発行所　株式会社 学文社

FAX　03（3715）2012
https://www.gakubunsha.com

ⒸTomio KAWAKAMI 2017　　Printed in Japan
乱丁・落丁の場合は本社にてお取替えします。
定価はカバーに表示。

印刷　新灯印刷

ISBN 978-4-7620-2758-1